お手入れ20年　夫婦25年
いつまでも若く美しく
愛されるためのノウハウ

♥さゆり（かつみ♥さゆり）52歳 生き様ビューティー

Sayuri 52
Ikizama Beauty

20 years of care, 25 years as a couple
Stay young and beautiful forever
The know-how to be loved

ヨシモトブックス

人生のお天気も 必ず変わる
今日が雨でも 明日はきっと晴れ

はじめに

夫婦でお笑いをやっております、「かつみ♥さゆり」の♥さゆりです！　ボヨヨ～ン♡

ツインテールにボヨヨン付けて、そのお花をボヨヨ～ンと引っ張り、引っ張り、皆さまのおかげで、長い間、夫婦コンビやってこられました。

旦那さまのかつみさんは、『吉本の借金王』と言われております。お付き合いを始めたときから、億の借金を抱え、いろんな事業にも手ぇ出しては潰れ……今の今まで夫婦で力を合わせてどうにかこうにかやってきました。

さてさて、まさに「昭和枯れすすき」なアナログ人間のさゆりが、4年前くらいからSNSを始め、2020年4月からはYouTube『かつさゆのボヨヨンチャンネル』をスタートしました。ここでは、お互いの趣味であるピアノやアート、お家での夫婦のいろいろを配信していますが、そのなかで、『さゆりの美容ヨ～ン』コーナーとして、さゆりがいつもやっている美容法やスタイル維持のアイデアを発信しています。

その『美容ヨ～ン』がですよ、全部で再生数650万回（2021年8月19日時点）を超え、たくさんの皆さまに見てもらえたんですー!!　うれし～!!

私と同じ世代から20代の若い方までご視聴いただいてるみたいで「こんな風に美しい50

代を迎えたい♡」「これだったらお金がかからないし、早速できるお手軽感も良い」なんて、本当にありがたいお言葉をいただいております。

そして！　まさか、まさかの『美容ヨ〜ン』でご紹介している美容法のアレコレを、このたび、本にしていただくことになりました——！　ありがたいです〜♡

私が毎日続けていることなんて、ちっちゃくて、地味なことばかりですから、最初、お話をいただいたときは、「こんなん、本になるんですか⁉」と本当にビックリしました。

まず、ほんっとにお金かけてないんです。お金ないなりに身近にできること、続けられることばかりなんで、本当に大したことは全然、やっていないんです。でも、『美容ヨ〜ン』にいただいた皆さんからのコメントを一つひとつ読んで、自分のやってきたことをそのままお伝えしたら、いいのかな？　と思いました。

逆に言うと、お金や時間がある方はあまり参考にならないかもしれません。また美容＝優雅でセレブなイメージがある方にとっても、期待ハズレだと思います。ただただ、「必死のパッチ」で老化に抗う美容本です。はい、毎日、さゆりが必死で老化に抗うさまを、ぜーんぶ見せた本になってます。

でも、私、わかったんです！　お金は裏切るけどお肌は裏切りません。20代で人生の荒波にのまれた私は、美容に向き合い始めたのが30代、さらに必死になったのが40代、遅咲きです。なのに、なのにですよ！　さゆり、52歳、今がいちばんキレイと思うんです。

だからもし、40代、50代で今、シワができてはったとしても、まだまだ肌、ぜんっぜん変えられると思うんです。むしろ、そっから頑張って、必死になってお手入れしたら、意外とお肌って頑張ってくれます。30代なら余裕です。私はそれを実感しています。

まずは鏡を見て小さなシミを見つけたらその子と対話してケアしてあげてください。そしてここからが大事。鏡の自分に向かってニッコリ「今日も可愛いね」っていってみてください♡　それから、体をボヨヨーンと思いっきり伸ばしましょう。なんだか明るく、キャピッとした気分になってきますよ！

この本には、YouTubeで好評だったネタはもちろん、さゆりが人生をかけてわかった、いつまでも若く可愛くいられる秘訣をぜーんぶ詰め込んでみました。なので、お手入れのテクニック的なものだけでなく、ストレスの変換の術とか、心掛けていることとかも触れてます。

私、40過ぎたら生き方が顔に出てくると思うんです。やっぱり人生山あり谷ありじゃないですか（私は谷ばかり）。だからそういう時にどう対処していくかが老化とか若返りに影響すると思うんです、知らんけど（笑）！

ふだん私がリアルにやっていることばっかりなので、何がどうしたからこうなった！と明確な答えはないんですけど、少しでもみなさんのきれいのヒントになれたら、私も必死のパッチで続けてきたかいがあったな、という感じでうれしいです♡

皆さまのおかげで生まれた本です。手に取っていただいて、本当にありがとうございます。人生必死のパッチで生きてきて、こんな素敵なプレゼントが待っているなんて……。20代のさゆりに教えてあげたい!!

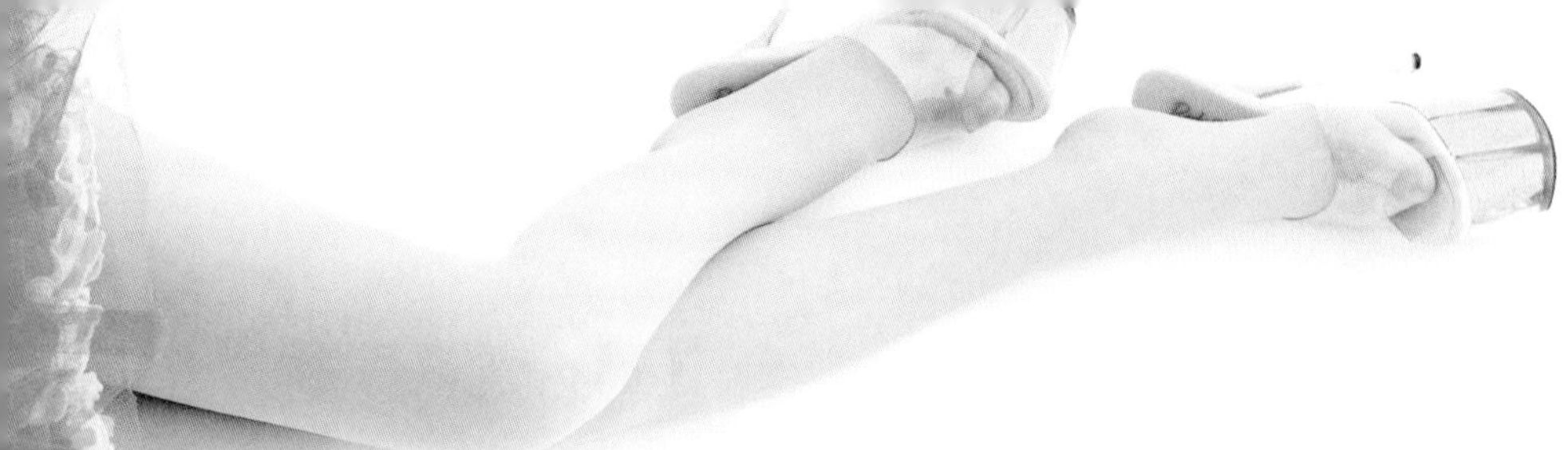

Sayuri 52
Ikizama Beauty

♥

Contents

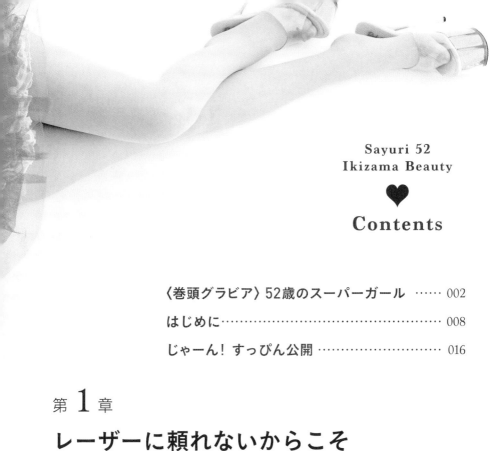

第 2 章

老化に抗う！ 必死の先の大逆転

第 3 章

ながら美脚トレーニング20年

第 4 章

さゆりの「抗酸化」&「抗老化」食生活

すっぴん公開♡

Sayuri 52
Ikizama Beauty

第1章

レーザーに頼れないからこそ
培われた「品のいい肌」

Episode 1.

美容に目覚めたきっかけはかつみさん

私はよく、昔から美意識が高かったように思われるんですが、20代はお肌ほったらかし時代でした。

なにせ19歳でかつみさんと知り合い、20歳で一緒に暮らし始めたと同時に、1億7000万円の借金生活です！　若い頃は借金の返済で、ずっとしんどい状態だったので、ほんとお肌のお手入れどころじゃなかったんです。

26歳で結婚した後は、昼はタレントのお仕事、夜はかつみさんのスナックでママをやって、毎日夜中3時までお店に出ていました。ママっていってもお酒が飲めない私は、お客さんにボトルの開け方や、お酒の入れ方まで教えてもらっていました。なのにお金をいただくという、めちゃめちゃなお店です！

そして帰宅して寝るのは朝の5時。1、2時間、寝るか寝ないかで、また仕事に行くって生活を、新婚時代からずっと続けていたんです。

だから毎日がバタンキュー！　でも、20代やったので、化粧とらないで寝るとかもへっちゃらでした。

そんな私がお肌を気にするようになったのは、実はかつみさんがきっかけです。

30歳でかつみ♥さゆりを結成してから、ありがたいことにロケタレントとして、レポーターのお仕事をたくさんいただくようになりました。その頃から急にかつみさんが、まめにハンドクリームを塗るようになったんですね。なぜかというと、「レポーターたるもの、お肌と手はキレイにしていないとダメ！」という、プロフェッショナルとしての考えがあったからなんです。

例えばレポーターの手が汚かったら、物じゃなしに手に目がいっちゃうし、食レポをしても食べ物が美味しく見えない。商品を紹介する仕事なのにそれではダメだし、視聴者さんが不快になるでしょ？　とかつみさんに言われました。

それからです。私が自分のお肌に注目するようになったのは。だから、いつもモリモリ、派手に盛りすぎのさゆりが、意外にもネイルをしていないわけも、実は「商品より目立たせない」というレポーター魂からなんです。

第1回の放送から20年間、お仕事させてもらっている『せやねん！』（ＭＢＳ）という情報番組があります。去年（２０２０年）はコロナ禍になったことで、番組は昔の映像を再編集して放送する期間がありました。

スタッフさんと昔の映像を観ていたときに言われたのが、「さゆりちゃん、今のほうが若いで！」という言葉です。昔から私を知ってくれはる人からはよく、「さゆりちゃんはずっと変わらへんね」と言われます。それを聞いて、私って変わってないんだぁと思っていたけれど、確かにかつみさんも私も、今のほうが若く見えて、ビックリしました。それどころか若見えするってすごくないですか!?　当時の私、30歳ですから！

でも、自分でいうのも何ですが、昔の写真を見ると、今のほうがいい顔していると思うんです。もちろん、ファッションやメイクの違いもあるんだけど、アレッ!?　何でやろうって、時々、ビックリします。

自分が子どもの頃は40歳過ぎたらもう「おばちゃん」って思ってたのに、これはすごい幸せなこと。そのうえ、30代でちゃんとお手入れ始めてから、「今の肌がいちばん絶好調！」って、毎年、更新してるんです！

もはや今の段階は、仕事のためでも、人にほめてもらうためでもなく、Love my selfです♡　自分のモチベーションを上げるために、毎日、キレイにしています。やっぱり1個でもブツ（できもの）ができたり、化粧のノリがちょっとでも悪かったりすると、1日中ヘコむし、気分が全然、違うじゃないですか。

結果、皆さんにほめていただいたり、私が続けているお手入れを知りたい！って言っていただいたりして、ありがたいなーっていう気持ちです。私が私を好きでいるために、日々お手入れしてきてよかったなって思います。

ちなみに、かつみさんの手は今もすっごくキレイ。だって透明マニキュアまで塗っているんですよー。本当、58歳の手じゃありません。しかも、去年のクリスマス、我が家に初めて令和の美容機器がやってきたんですが、毎晩、顔のお手入れも始めました。

今やかつみさんの肌はみるみる毛穴がなくなって、あり得ない還暦が作られていってます。令和ってすごい!!

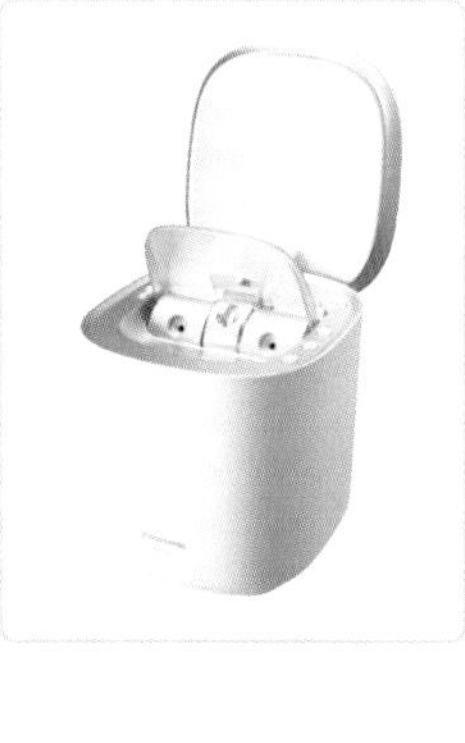

かつみさんからのクリスマスプレゼント♡

ロケで取材したときに私が「欲しい〜!!」って言ってたの覚えてくれてたんですよね。生まれて初めての美容機器なんですごくうれしかった。かつみさんも「僕もやらして〜」とホイホイやってきて、フルコースでお手入れしてま〜す♡

スチーマー ナノケア EH-SA0B オープン価格／パナソニック

Method 01

お肌の師匠の教え

私にはお肌の師匠がいます。

今はエステに行ってないんですが、昔、かつみさんがロケで知り合った、エステティシャンの先生のところに通っていた時期がありました。

私の若い頃は、エステっていうと何十回もの施術がパックになって、ダーッと巨額のローンを組まされたり、どんな肌の人でも、全員が同じ化粧品を使ってお手入れさせられたりするイメージが強くて、興味はあっても行くのが怖かったんですよね。でも、その先生は、おうちで一人、黙々とやってはって、しかも1回8000円！　だから、お金に余裕ができたときは行けてました。

先生はそのときの肌の状態に合わせて、毎回、使う化粧品も変えてくれるし、すっごい丁寧に、ハンドでケアをしてくれる方でした。外資系の化粧品ブランドの美容部員からフランス系のエステサロンに入ったので、元々のフランス流の、機械に頼らないハンドケアをすごく信頼されていたんですね。「毎日のお手入れがとても大事。即効性はないけれど、続けているとトラ品のいいお肌になるのよ」と、いつもおっしゃってました。

しかも、お肌フェチで超プロフェッショナル！　私も毎回、気持ちよくなって寝ちゃったりせず、先生に根掘り葉掘りの質問ラッシュ。８０００円以上、お支払いしないといけないほど、お肌のこと、成分のこと、たくさん教えていただきました。

そのときに教わったことの一つが、「自分の肌をきちんとみる」です。サロンにいくと「そのときの自分の肌をよく見てね」とか、「そのときの肌の感じによって化粧品も変えなければいけないのよ」と、いつもいつも、言ってはったんです。

それから、「かゆみが出るときは、いちごとかイチゴジャムとかごぼうとか食べたらあかんよ」とか、お肌の状態と食べ物が関係していることも、先生から学んだことの一つ。今もそのときの知識が、すごく生かされています。

先生のところには、25歳から、先生がお亡くなりになった40歳頃まで通っていました。かつみさんの影響もあって、30歳を過ぎてからは先生に任せっぱなしじゃなく、いただいた知識をもとに、お肌のことを勉強して、よくよく自分に向き合うようになりました。
それからです、「何の化粧品使っているんですか?」とか「お肌キレイね」みたいに、だんだん周りから言われるようになりました。

45歳で地獄に叩き落された!

先生に教わったことをコツコツと続けていたら、明らかに肌が変わって、お手入れが楽しくなったのが30代。そして「なんか私、人生のなかで今いちばんキレイかも!?」と思ったのが、40歳になった頃です。特に40代前半は自分でもビックリするぐらいお肌が絶好調で、なんでしょう、毎日が天国でした!

ところが45歳を超えた頃、突然、地獄に叩き落されたんです!! 40代って、急にお肌の状態がガクッとオチませんか? 私は目の下にめちゃめちゃメリケンジワちゃんご登場! きたきたきた――ッ!! と思いました。世の中はちょうど、ヒアルロン酸注射が流行り始めた頃。これはいよいよ私も頼らなきゃいけないときが来たのかも……と思うこともありました。

そんなとき、「さゆりちゃんは本当に丁寧にお肌の手入れをしてはるから、品のいいお肌なの」と、先生がすごく言ってくれてはったことを思い出しました。「さゆりちゃん、お願いだからいろいろいじったり、変な手を加えたりしないでね」「さゆりちゃんが品のいいお肌のまま、どういう風に年を重ねていくか見てみたいわ」。先生のそんな言葉が心に残っていて、注射したら、先生が悲しみはるかなと思って、できなかったです。

ちょうどその頃、番組のロケをきっかけに、美容家の故・佐伯チズさんと、何度かお会いする機会がありました。

チズさんは初めて私のお肌を見たときに、「自分でちゃんと丁寧に手をかけてきた品の良さがあるわね」とおっしゃってくれたんですね。私はそれが、すごくうれしかったです。

なぜかというと、お肌の師匠からいちばん最初に言われた、「ハンドでずっと手をかけてあげたら、さゆりちゃん、品のいい肌になるわよ」という言葉とめちゃめちゃつながったから。チズさんの言葉で師匠との約束を守れた気がしました。

「品のいいお肌」って響き、大好きなんです。抽象的だけど、なんか素敵だと思いません？

私は今も、お肌の師匠にいただいた知識を忘れず、ひたすらハンドでケアを続けています。

先生はずっと、丁寧に手入れを続けたさゆりの、50代、60代が楽しみって言ってくれはったなぁ。50代に入った今の肌を、いちばん見てもらいたかったです、先生に。

YouTube『かつさゆのボヨヨンチャンネル』にて
スタートした『さゆりの美容ヨ~ン』コーナー♪

お肌の師匠の教えを守って毎日、コツコツケア。おかげさまで、みなさんから肌をほめていただけるようになり、YouTubeで美容ネタを配信するにまでなりましたー！

Method 02

「自分のお肌のプロ」になってパトロール

「自分は自分のお肌のプロであれ！」。これが私の美容格言です。

YouTubeで『かつさゆのボヨヨンチャンネル』を始める前からずっと、番組の視聴者さんやファンの方は「化粧品は何を使ってますか？」と、聞いてくださってました。でも私はYouTubeを始めるまで、使っている化粧品についてはブログにも上げたことがなかったんです。

なぜかというと、私が使っている化粧品がすべての人に合うとは言いきれないからです。もしも私がすすめた化粧品で肌トラブルを起こして、その方がへコんだりしはることがあったらすごく悲しいー！　私自身、肌が弱いので余計に心配でした。

化粧品の効果の出方って、一人ひとりの肌によって、全然違うと思うんです。何しろ、私ひとりの肌でも、1か月の間に状態がコロコロ変わるし、同じ化粧品を使っても時期によって感じ方や効果が変わりますから。

化粧品のシェアハウス

それから、師匠の「自分の肌をきちんと見る」という教えを守って、どんなにイイ感じ！　と思った化粧品も、使い続けないようにしています。だから、おすすめの化粧品も、そのとき、そのときで変わるんです。

私、いただいた試供品は必ず試すんですけど、試供品とか買ったばかりのものとかって、1発目は絶対に「いいわ！」って肌が感じる気がするんです（成分的にお肌を刺激するものは別です！）。でも、それを使い続けている間、最初の手ごたえをずっと感じるかっていうと、そうでもなくなりません？　私はそのパターンが、結構あるんです。

初めはあんなによかったのになんでやろ!?って考えた結果、お肌がその化粧品に慣れてきちゃうのかな、と思いました。どんだけ肌に合う化粧品でも、使い続けたらお肌が飽きてしまう。まったく、甘えちゃってー！

だから私は、持っている基礎化粧品を使い終わってから次にいくんじゃなく、コロコロ替えながら使っています。朝はコレ使ったから夜はコレ、とか。3か月ぐらい使わないと効果が出ませんよ、という化粧水なんかは、1日のどこかで1回入れる、とか。そのときそのときの肌の様子を見ながら、「今はこれが合うな〜」というものを使うようにしています。

だから「化粧品、何使っているんですか？」って質問は難しい！　私のお肌は、化粧品のシェアハウス♡　すんごい混ざり合って今の肌、なんです。

肌にとって大事なのは、「誰かがいいと言ったもの」ではなく、「自分に合ったもの」を使ってあげることだと思います。ですからみなさんも、自分の肌を知って、自分のプロを目指してほしい！　と思うのです。


では、どうしたら自分のお肌のプロになれるのかというと、私はとにかくどれだけ自分のお肌と向き合って、会話をするかが大事だと考えてます。その方法の一つは、お肌のちょっとした反応にも敏感になることです。

私の場合は肌が弱いこともあって、つけた瞬間の刺激を重要視してます。かゆみが出た化粧品は、100％アウト。絶対に使いません。痛みやピリピリの刺激は成分によって「効いている」サインだったりもするので、自分の感覚でアリ・ナシを考えます。今までの経験上、このピリは使ううちに慣れるいい刺激、このピリは使わないほうがいい悪い刺激、というものがわかっているからです。ピリどころか、赤味が出たら即退場ー！　もし傷ついたときは、抗炎症、鎮静系の化粧品に切り替えます。

合わない化粧品を延々と使い続けたり、ケアのやり方を間違えると、手をかけるほど肌が傷つきます。特に高い化粧品だと「もったいないから意地でも使いきろう！」と思いがち。でも、お肌が拒絶反応を起こしていたら、絶対、使い続けたらダメです。ですから、きちんとお肌と会話して「あ、お肌が嫌がってるな」と、気づいてあげることが大切やと思います。

頬のシミと目の下のシワを定点観測

お肌と会話するもう一つの方法は、毎日、鏡で自分の肌をよ〜く見ることです。

私にはほっぺに1個、そばかすか何か、濃いシミがあります。これをずーっと観察してるんですけど、濃くなる時期、薄くなる時期があるんですよね。いちばん濃くなるのが生理中。私は子宮や卵巣を手術しているので生理がないんですけど、ホルモンは出てるから、体が生理のサイクルで反応するんです。だからシミの変化をみると、やっぱり女性の肌はホルモンでかなり左右されるんやな、と感じます。

それから季節によっても、シミが濃くなったり、アレルギーがバーッと出たり、赤ら顔になったりもします。だから、紫外線が強くなる前、年明けぐらいから、日焼けしないようメラニン抑制の成分が入った化粧品で予防したり、赤ら顔になったら鎮静系の化粧品に替えたりしています。

鏡で観察して、肌の変化をみていると、こんな風に、自分は今何をつけるといいのか、だんだんわかってきます。そうすると肌も安定してきます。もちろん、試して失敗することもあります。でも、試さないとわからないこともあるし、失敗こそ最大の経験値アップ！　です‼

あと、毎日ちゃんと鏡を見ていくことで、いち早く老化のサインに気づけます。実はこれが、すっごい大事だと思うんです。

私も、いうても目の下は結構、年齢がキテます。特に右目周りは、体重が１kg変わるだけで、目の下がくぼむとか、シワが１本増えるとかなるんですよ。あッ！　ヤバイ〜！　と思った瞬間、スルーしちゃったらドドドッって転げ落ちて、取返しがつかなくなります。

お肌のケアは、シミ・シワ・くすみなどのトラブルを見つけた瞬間、見て見ないふりをせず、きっちりケアするのが大事なんだと思います。

だから、我が家の家具は、ぜ〜んぶミラー張り。顔から全身からしょっちゅう見て、変化にすぐ気づくようにしています。

毎日、意識して見ていると、自分の変化って意外とわかるもんです。だまされたと思って、皆さんもぜひ、鏡をよ〜く見てみてくださーい♡

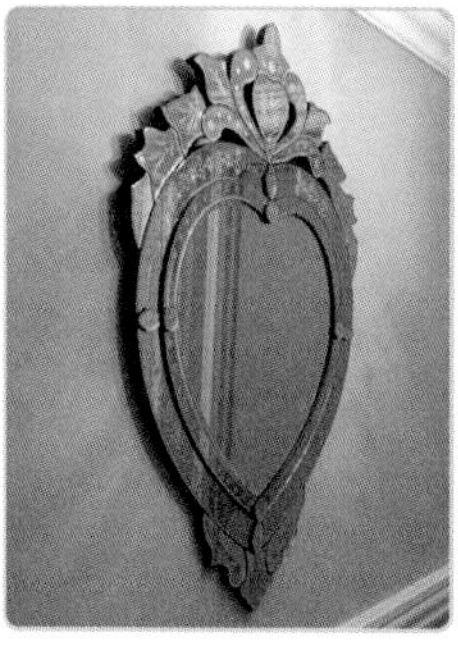

我が家は鏡だらけ！いつもピカピカに心がけてます♪

いつもリビングでヘアドライヤーもお化粧もするんですが、わざわざメイク用ミラーは使わずに、テレビの周りも一面鏡なので、その前に座ってします。可愛いハートの鏡はお気に入り。ボヨヨンラーメン（今はなき、夫婦で立ち上げたラーメン屋）の内装でも似たような鏡を飾ってましたー！

Method 03

お肌を丁寧に扱うことがいちばんのケア

実はものすごい残念なお話があって、私の肌はもしもシミがいっぱいできても、レーザー治療ができないんですね。

一度、「ほくろはすぐ取れるよ」と聞いたので、気になっていたほくろを取りにレーザー治療を受けたことがありました。でも、施術後、肌が真っ赤っかになって、しかも、余計にほくろが大っきくなってしまったんです！　ショック……。

私の肌はシミができたらきっと、取ることができません。だからさゆりは予防から頑張ってます！　必死のパッチです!!

調子のよいお肌を保つためには、やっぱりどれだけ炎症を起こさないかが大事！　なので、私はいつもお肌になるべく刺激を与えないよう、気にしています。

例えばファンデーション。スポンジのごわつきが肌に触れるのも、刺激になる気がするんで、手でつけるのが基本です。とはいえ、目のキワとか小鼻の横とか、こまかくいきたいところもありますよね。そんなときは、

『クレ・ド・ポー ボーテ』のスポンジの出番です！ 高級ブランドですから、ちょっとお高いんですけど、これ、肌あたりがすごく優しくていいんです。洗って、洗って、大切に何年も使ってます♡

メイクを落とすときも優しく、優しくしてます。特に私はアイメイクをめっちゃしているんで、メイクを落とすときのこすった刺激で、目周りにシワができるのが怖いんですね。だからアイメイクを落とすときは、ふき取り用のクレンジングウォーターをたっぷり含ませたコットンを目の上においておいて、こすらず、3本の指で、目頭から目尻、目尻から目頭と軽く押して取っています。

その後、お顔全体をクレンジング&洗顔。顔を洗うときも、お肌を刺激しないように、20年間、続けていることがあります。

一つは、「泡パック洗顔」。これは、手で肌をこすらないですむよう、泡立てた洗顔料の泡を顔全体にのせて、パックみたいに泡で吸着してとってもらう感じです。Tゾーンだけ優しくこすったら、ちょっと時間おいて馴染ませて、洗い流します。

洗い流すお湯の温度も気にしてます。顔に当てる温度は、体に当てる温度よりもちょっとぬるめ。冬でも体温より高い温度で洗うことは絶対しないです。

これは、日々、主婦として洗い物をしてるなか、夏に冷たい水で洗うときより、冬に熱いお湯で洗い物したあとのほうが、手がカサッとすることに気づいたのがきっかけです。単なる自分の感覚なんですけど、お湯の温度が高いと、お肌のなかの水分が蒸発しやすい気がするんですね。

それから、顔シャワーは絶対NG！　いうても水圧って、刺激やと思うんです。顔は絶対に、両手でお湯をすくってすすぎます。

ほんとうに日々のちっちゃいことなんですけど、塵も積もれば！　です。今も、肌の調子はいいので、10年20年のそのちっちゃい積み重ねが、結局、何事にもいちばん効いてるなって実感しています。

タクシーの寿命が長い理由

あるとき、乗車したタクシーの運転手さんがおっしゃってました。「ふつう自家用車は10万ｋｍくらい走ったら廃車することが多いけど、タクシーは50万ｋｍ、なかには１００万ｋｍ超えても、現役バリバリの車もあんねんで。だってワシら、毎日、すっごいメンテナンスしてるからな」って。

私、人間の肌も、それと一緒やと思うんですよね。だから日々手をかけることで、差が生まれるんじゃないかな。知らんけど！（笑）

一つ言えることは、お肌は絶対に裏切りません。お肌は手をかけてあげたらあげただけ、返してくれるから、私の肌も20代、30代よりも今のほうがキレイやと思うんです。だから今、お肌で悩んでいる人にも、決して今からでも遅くはないよ、と伝えたい。自分に合ったお手入れさえすれば、30代、40代、50代からだって、全然キレイになれる！

Sayuri 52
Ikizama Beauty

第2章

老化に抗う！ 必死の先の大逆転

Episode 2.

ネタも美容もお風呂で仕込む

うちの洗面所には昔のプロパンガスみたいな、でっかいボンベがドーン！ と置いてあります。中身はお風呂で使う炭酸。見た目はちょっと怖いんですけれど、わが家はコレで、お風呂で使う水もお湯もすべて炭酸泉にしています。

何で炭酸泉にしたのかというと、昔、私がかなりの貧血持ちだったのと、血管がドロドロの血で詰まりやすいことが判明したため、かつみさんが心配してくれたんです。

お風呂マニアのかつみさんは、長年、いろんなお風呂に通うなか、炭酸泉は血管を拡張するという話を聞いてきたんですね。それで、「さゆりちゃんの血が滞るのが怖い。ちゃんと血を流さなきゃいけないから炭酸泉や！」と言ってくれて。外のお風呂に通うぐらいなら、炭酸ボンベ買って家のお風呂を炭酸泉にするほうが安上がり！ ということで、自宅で炭酸泉風呂に入れる設備を見つけてきてくれました。

今は貧血もちょっとよくなりましたが、あんまり長くお湯に浸かるとフラフラするので、長風呂はしてません。朝晩、5～10分くらい湯船に浸かり、血流を促す、という感じ。シャワーも湯船にためるお湯も炭酸泉にしてから、お尻とかのざらっと感も一切なくなって、全身ツルツル！ やっぱり血流ってお肌にとっても大事！ と感じます。

そして私の背中は、いつもかつみさんが洗ってくれてます。

うちには世界に10体だけの等身大の綾波レイ（『新世紀エヴァンゲリオン』シリーズの登場キャラクター）がいてるんですけど、私の背中を洗うときのかつみさんは、あの子を大事に大事に磨いているときと似ています。だから、私の背中はピカピカー！ な、はずです!!

奥さん濡れてるじゃないですか!?

かつみさんとは同棲を始めてからずっと、毎日

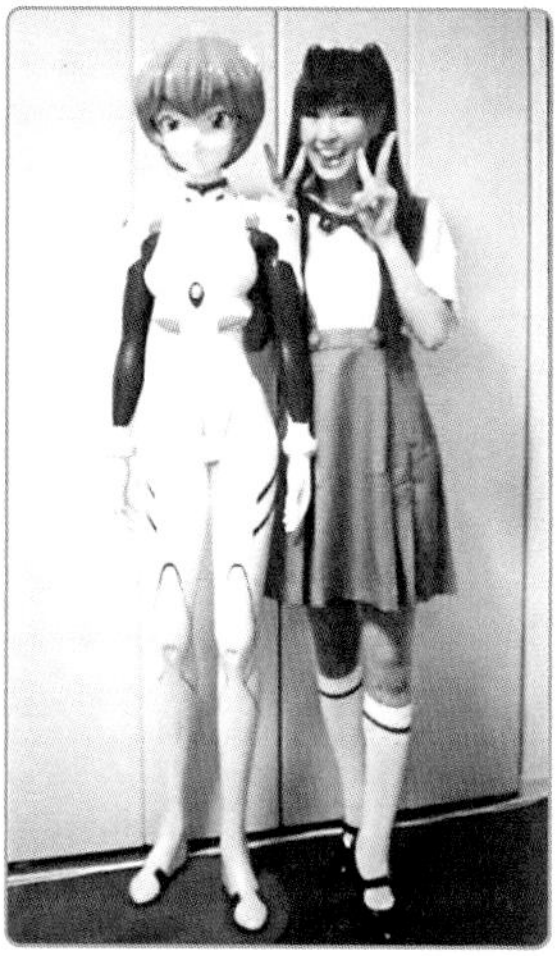

大事に磨きすぎてもみあげがポキッ！

お金すっごいないときに、かつみさんが買った等身大の綾波レイ。20万円て聞いて「えー!」って思ったけれど「さゆりちゃん、これは投資や!」っていうから買いました。その後、ナント！　アメリカで200万円で取引きされるようになったんですけれど、結局、売らなかったかつみさん。ただ欲しかっただけなんですよ! 大事にしてたんですが、磨きすぎてもみあげがポキッと折れちゃって（笑）。私も折れて落ちたの気づかず、クリクリッと掃除機で吸って捨てちゃいました。なんでうちの綾波レイは今やテクノカット。

一緒にお風呂に入る習慣が続いています。

大変だったのは、夫婦漫才のコンビを組んだばっかりの頃。かつみさんていつも、お風呂のなかでネタを思いつくんですね。うちはネタ帳なんてないので、ネタを思いつくと先に私がお風呂から上がっていても、「さゆりちゃーん」って呼び戻されて。いっつもお風呂で、口立てのネタ合わせが始まってました。

当時の私はかなり重い貧血でした。お風呂で稽古が始まると、ほんまにのぼせちゃって、いっつも倒れるギリギリやったんです。

でも、かつみさんって、こと漫才となると、止まらなくなる。私もかつみさんがすごーく真剣なのがわかるから、「のぼせた」って言いづらくて。3回ぐらいお風呂で倒れ、病院に運ばれたことがありました。そのたびに病院の人にも「奥さん濡れてるじゃないですか！　またお風呂で倒れたんですか⁉」って注意されてました……。

なかでも、コンビを結成したまさにその日の初・風呂練は、今でも忘れられません。

いつもどおり一緒にお風呂に入っていると、ネタを思いついたらしいかつみさんに、急に「風呂出ろ！」と言われました。と思ったら、私、裸のままビデオカメラの前に立たされて、急にネタ合わせが始まったんです‼　ふたりとも裸です！

しかもかつみさんは、以前組んでいた漫才コンビ『どんきほ〜て』を解散して間もない頃。『どんきほ〜て』時代のクセが残ってて、ネタは男コンビのノリ。ツッコミでいちいち頭パーンッてど突きが入るので、慣れない私は〝ど突かれるー！〟と思った瞬間、思わず目をパチパチさせちゃってました。すると、「目ぇパチパチすんなー！　お客さん笑われへんやろ！」とかつみさん。でも私は痛いから、ツッコまれるたびに、「うぇぇぇぇん……んん……なんでやねん！」っと、泣きながら必死に返してました。

この「泣くな——っ！」「はい——っ！」というやり取りも、本人たちは真剣だから、今見るとメチャメチャ面白いんですー。だからこのビデオ、ぜひ、皆様にも観ていただきたいんです‼　でもね、絶対に世に出せない！　だってふたりとも素っ裸ですから——‼

そんなこんなで、必死だったあの頃を思い出すお風呂ですが、今では美を磨く場所です。人間、必要にかられたらなんでもできるし、なりふり構わず頑張れる！　美容に関しても同じです。さゆり、老化に必死に抗ってます！　優雅にどころか、必死のパッチでやってます‼

How to

2時間で歯磨き2回、お風呂でストレッチ、ホットタオル、ヘアパックまで

まるで倍速！ 朝のルーティン

6:00

目覚ましは1回で起床 ベッドでストレッチ

6:02

バスルームに移動

・お湯はり
・タオルをセット(バスタオル2枚、ホットタオル用1枚)
・つま先立ちで1回目の歯磨き
・洗濯機の洗剤セット

キッチンに移動

・グラスに**豆乳、ホエイプロテイン、賢者の食卓、ユーグレナ**を入れて混ぜて、錠剤サプリを飲む

6:17

化粧水で肌を潤わしてからお風呂にGO
・湯舟でストレッチ
・(メイクしてなくても)クレンジング⇓シャンプー⇓水切ってヘアパック⇓体洗う⇓ヘアパックと一緒にすべて流す⇓トリートメント⇓**手についた油分を取るために手を洗う**⇓手で**ものすごいクリーミーな泡**を作って泡洗顔
お風呂上がり、真っ先にタオルで顔の水気をとって化粧水をオン！

6:32

リビングに移動

・ヨギボーに寝転びながら**ホットタオルをぬくもりがなくなるまで**あてる
・鏡の前に地べた座りでテレビ観ながらスキンケア。

ぱじゃま
つま先立ち!!
おふろばへ DASH!
タオル
スイッチ ON!

泡立てるときは
二の腕の運動も!
肩の高さまで両手を上げて
少しひねるだけでもキツイ!

化粧水 ⇓ 美容液 ⇓ 美容液系のシートパック ⇓ オイル ⇓ クリーム　美容液前の化粧水は入れ込んだ後にもう1回入れるんです。肌が**欲してたら3回目いきます。**

6:47

・高浸透ナノイーのドライヤーで髪を乾かす
「ドライ」モード7割 ⇓ あとの2割「ケア」モード ⇓ あとの1割「スキン」モードで乾かす。
・ついでに顔と体も！ナノケアドライヤーの**マイナスイオンを全身で浴びる。だから全裸！**

7:17

・くるくるドライヤーで形を整え、ストレートアイロンを全体にかけて、ボヨヨン髪型を作る。
かつみさんも自ら髪を遊ばせます。
メイクスタート　やっとここでパンツはきます♡

7:47

バスルームに移動

・つま先立ちで**2回目の歯磨き**
・全部のタオルたちを洗濯機に入れて洗濯スタート

衣装部屋に移動

・**最後わぁ〜!!っていいながら**着替えと衣装の準備。
基本はその日のかつみさんのTシャツに色合わせます。

8:00

願掛けをして出発

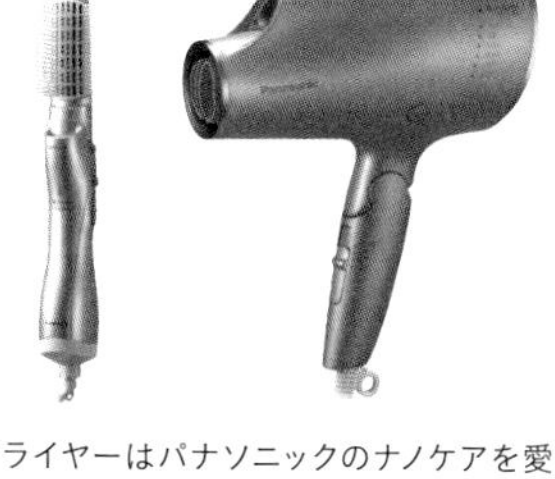

ドライヤーはパナソニックのナノケアを愛用！ 使い始めてから髪が格段にツルツル&サラッサラになりました♡
右・ヘアードライヤーナノケア EH-NA0E、左・くるくるドライヤー ナノケア EH-KN7B
ともにオープン価格／パナソニック

Method 01

母を見て気づいた女は血流！

昔の私は、髪の毛の量がすごく多くて、めっちゃストレートでした。髪が細くなったり、クセが出たりと、髪質が変わってきたのは40歳を超えてから。「これが噂のうねりか！」と思い、45歳からシャンプーもコンディショナーもエイジングケア用にレベルアップ！　トリートメントもまめにやるようになりました。

ありがたいことに今も「髪キレイ」とか「ヘアケアに何を使っているの？」と言っていただくことがあります。でも私、髪に大事なのは「何を使ってるか」ではなく、「血流」と思うのです。

それに気づいたのは、母が心筋梗塞で倒れたことがきっかけでした。

母の髪も昔から、毛量が多く、黒々としていました。ところが、心臓の調子が悪くなり始めた40代後半あたりから、毛量が減り始めます。心筋梗塞で倒れた70代後半あたりには、髪は真っ白、全体的に地肌が見えるほどになってしまったんです。

その後、おかげさまで母の心臓手術はうまくいきました。するとです。少ししてからなんと！　黒い髪が現れたんです!!　えーッ!?　ですよ！

このとき、人間って本当に血流がよくなるとちゃんと髪も生えるし、元気になるんだって、母の姿から教わりました。

逆に、血流が悪くなったらきっと毛ぇ抜けるんや…と思うと恐怖です。だからちょっとでも血管を拡張させようと思い、毎日、炭酸泉のお風呂に入りつつ、血流が滞らないよう、むくみや食べ物にも気を付けています。特に、血流アップにいいって聞いた、トマトやトマトジュースは必死のパッチで摂ってます!!

血流アップでお肌が復活！

もう一つの血流アップ習慣が、ずっと続けているホットタオルです。

ホットタオルとの出会いは、番組の取材で、美容家の佐伯チズさんにお肌のお手入れをしていただいたことがきっかけです。施術のとき、途中でパッと、首の後ろにホットタオルを置いてくれたんですね。それが、すごく気持ちよかったので、私なりにリンパを流すほうにアレンジして、ホットタオル美容を始めました。

そこからです。自宅で毎日、ホットタオルをやるようになって、どんどんさゆり流に進化して。そうしたら本当にお肌が復活！　頑張ってお手入れしたら、お肌って意外と頑張ってくれるんだなって、知ることができたし、自信にもなりました。

私がホットタオル美容で大事にしているのは、顔を温めることより、耳と首、肩周りを温めることです。

首や耳らへんにはリンパ節があって、ここにリンパと一緒に流されてきた老廃物が溜まるんですね。だからタオルで首周りを温めながら、優しくほぐして、老廃物を流したり血流をよくしたりしています。

耳や肩って入浴中もほとんどお湯に浸かっていないから、実は冷えたまんまなんですね。なので、ホットタオルで温めつつ、耳を引っ張ったり、グルグル回したりするのも、血流アップのポイントです。

最近のさゆりは、髪の毛を〝ボヨヨンくくり〟のせいで、血流完全ストップさせちゃってるんで、ホットタオルで頭皮もあっためてマッサージしてます♡

ホットタオルは本当に気持ちよいし、タダでできるし、みんなにおすすめしたい！　夜は疲れが取れるし、朝は眠気がパッと消えて元気になりますよー！

How to

血流アップで肌もツヤツヤ〜！さゆり流ホットタオル

1　ホットタオルを顔にのせま〜す。

お顔に化粧水をなじませてからタオルをのせます。タオルが熱すぎると毛細血管が切れて赤ら顔になっちゃうので注意！

タオルを
2つ折りにするとき
長・短つける
(首の下まで
届くように)

2　首のリンパ節を優しくほぐす

リンパ液（老廃物）などを流れやすくするために！ タオルごしに首周り、鎖骨の上をほぐす

うではエックス
ぐりぐり

準備編

お風呂から出たら5秒以内に水気をオフ！

お風呂から出たら、肌の水分が蒸発しないよう、5秒以内に顔の水気をタオルでオフ。その後、すぐに化粧水をつけます。

タオルを水に浸し軽く絞って1分間レンチン

キッチンでタオルを水に浸して軽く絞ったら、ラップをして電子レンジで1分間チン。ホットタオルの完成！

タオルは大きめ&厚めです

首の後ろやデコルテまで被さるくらいの大きさだとやりやすいです。生地が薄いとすぐに冷めてしまうからやや厚めがおすすめ。お気に入りはこのタオルです。最近、頭用に2枚使うことも♡

血流アップで肌もツヤツヤ〜！

ダラダラやっているとタオルが冷めちゃうので、さゆりはいつも、パパパッと手際よくやっています。慣れてくると「こんなん時間かかってできひんわ！」というほど、小難しくも、邪魔くさくもないので、続けてみてくださいね♡

3　頭・耳・首回りを優しくマッサージ

優し〜く首回り、耳のつけ根、頭全体をマッサージしたり、耳を引っ張ってグルグル回したりします。首の後ろもタオルで包んでほぐすと、肩こりにも効きます。

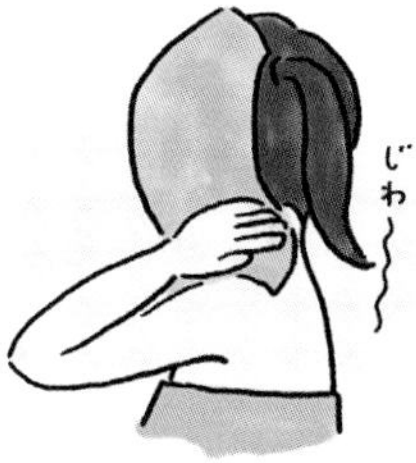
じわ〜

首の後ろまでタオルを
広げてあたためる

ぐりぐり

耳のつけ根をほぐす
耳を手でつかみぐるぐる

もみもみ

生え際の頭皮も
マッサージ

血流アップで
肌もツヤツヤ〜!!
ホットタオルの効果
1. お鼻周りの黒ずみが消えます！
2. お肌がワントーン明るくなります！
3. 化粧のりもノリノリにー！

Method 02

50過ぎたら保水が命！

以前、番組のロケで化粧品会社の研究員の方に聞いたのですが、人間の体って、赤ちゃんのときは80％以上が水分なんだそうです。

赤ちゃんの肌はみずみずしくてプルプルしてますよね♡　ということは、私たちがみずみずしい肌でいるためには、体の中にどれだけの水分量を保てるかにかかっているのでは!?　と思いました。

それからは毎日命がけで、必死のパッチで保水してます。

私はどんなに貧乏でも、化粧水だけはずっとケチらないで、投資してきました。化粧水は値段よりも量が大事。そして超絶大事なことは、今の自分のお肌に合っていること！　安いものでも全然いいので、刺激を感じないものを、たっぷり使います。

ポイントはなじませ方。パンパンもしないし、すべらすこともしません。化粧水を手のひらでぬくめたら両手で顔を包んで、ホットアイロンのように肌に入れ込む感じです。お肌に刺激は与えたくないので、手はあまり動かしません。これをくり返すと、肌がちょっとひんやり・もっちりしてきて、手と肌がひっつき始める感覚が出てくるんですね。それが私の中で「奥まで入った！」という合図。まだ肌が欲しているなと思ったら、入らなくなるまで、保水します。この感覚を大事にして、20年ぐらい続けています。

ちなみに最後はその流れで、首、デコルテ、胸、お腹まで、余った化粧水を全部つけちゃいます。よくデコルテまではお顔です、という話がありますが、私の場合、胸の下までお顔です。お顔の皮ふはどこまでも！　です。

それから、お風呂から出たら、５秒以内に水気をとるのも鉄則！　なぜならお肌が濡れたままでいると、お肌の中の水分が外に蒸発しやすいんじゃないかなぁ～と思ったんです。知らんけど！

いつでも「追い保水」

乾燥といえば、シワ・シミ・老化の原因です。毎日、命より大事な保水が脅かされているのです！

だからとにかく、家にいる間は「乾いた」と思うたびに、化粧水を肌に入れ込んでます。仕事中はモイスチャースプレーを持ち歩いて、乾燥に気づいたらメイクの上からシューーッとかけてます。

しかも私、たぶん、乾燥肌なんですね。手とか脚の乾燥の仕方が普通の人よりひどい。目の下の小じわもすごくいきやすいタイプだし、朝晩のスキンケアだけでは、潤った感じがしないんです。ヤダ〜ッ!!

特に50歳を超えてからは、乾燥していないという日は1日もない気がします。それに気づいたのは、夜、化粧水に美容液にクリームにと、ものすごく塗ってから寝ても、夜中に目が覚めるとすでに乾燥してたからです。

ガ――ン!!

私の場合、いちばん乾燥するのが目の周りです。起きたとき目の下が乾燥して、シワがくきー! と入ってるのを見たときは、頑張ってお手入れしてきたつもりだっただけに、ガーン、ガーン、ガーンッ!! でした。

でも、常に保水するようになったら、そんなにシワがいかなくなり、目の下のハリが復活したんですね。それで「やっぱり大事なのは保水だな」って気づきました。

夜中の保水の方法は、目覚めたらトイレに行ったタイミングで、もう一度、化粧水を入れ込み、クリームを塗って肌にフタをします。すると、朝起きたときの肌のしっとり感が全然違うんです。

実はシワだけじゃなく、大人ニキビも乾燥がもとらしいんです。だからしっかり保湿するようになってから、私も大人ニキビ、なくなりました！　それから、私ぐらいのお年頃になると、お顔だけじゃなく体の保水も大事になります。かかとなんてもうガッサガサで、クリームを塗ったぐらいじゃあ追いつかなくなりますから！

さゆり、脚がむくみやすいから、いつも着圧系のパンスト履いてるんですね。これが、かかとが乾燥でガサガサになると、やぶれるんです‼　もーっ！　特に、おろしたてのパンストが破れたときのショックさ‼　なので、ほんっとに「かかとキターッ！」と思ったら、モイスト系の絆創膏を貼って保湿をしています。

この技は、たまたまケガしたときに使ったら貼った部分がしっとりしたことに気づいて以来、取り入れてます。少々お高いけれど背に腹は代えられません。救急絆創膏だけに手っ取り早く救急保水です！　知らんけど！

年齢なんてただの数字です。大事なのは水分量！　ですから50歳を境に、保水をいちばん大事にしています♡

Skin care products

推しがコロコロ変わるさゆりですが…
この子たちは自信を持って紹介します！

メイク前や移動中も隙あらばスプレー保水！

シュウ ウエムラのオイルインの化粧水でメイクの上からも常に保水！　メイク前にも必ずシューッします。いい匂いでホント癒される〜！　キュレルのモイスチャースプレーは、何か赤ら顔だなとか、日焼けしたなってときのお助け保水ミスト。日焼け＝炎症はシミのもと。肌が弱ってるときは手放せない！

セラミド機能成分が肌の奥（角層）まで浸透。乾燥や肌荒れが気になるときもひと吹きで潤い、やわらかな肌に。キュレル ディープモイスチャースプレー（医薬部外品）150g ¥1980 編集部調べ／花王

2層のオイル・イン・ミストに満たされてしっとりうるおい感。シュウ ウエムラ パーフェクターミスト サクラの香り150ml ¥4400／シュウ ウエムラ

大人の女性のエチケット♪

アイムはデリケートゾーン専用のソープ。ローズの香りが乙女で気分が上がります♡ あんまり生かす場面はないんですけど（笑）、大人のエチケットと何より自分のために。デオコは大人臭を消してくれるうえに、桃とキンモクセイみたいないい匂い♡　お風呂場がいい香りになるんです。かつみさんも毎回お風呂で“ええ匂い”って言ってます。

年齢を重ねるごとに減る“ラクトン”含有香料を配合したボディソープ。デオコ薬用ボディクレンズ　350ml ¥1100（編集部調べ）／ロート製薬

デリケートゾーンを保湿。優雅なイヴピアッツェローズの香り。アイム ラフロリア デリケートボディウォッシュ 250ml ¥3740／Mellia

移動中はコンビニパックでながら保湿♡ ここぞという時はエステ行ったつもりで 9000円パック（5枚で！）

メイク前の髪を乾かしたりセットしたりする間は、このコンビニで買える含浸液たっぷりタイプの雪肌粋で濃密保水してます。新幹線で移動する時も♡　もう1つご紹介したいのは、美人主治医の先生におススメされた3Dマスク。長年かかりつけなのに初めておススメされたから、よっぽどなのかな〜と思ったらこれが最高過ぎたんです（さすが先生）！　メイクさんもビックリするくらいツヤ肌になって。一日じゅう化粧ののりもよくてお直しなしでピター！　勝負のときに絶対使います♡

和漢植物エキスやヒアルロン酸を含む5種の保湿成分配合。うるおいを速やかに肌に浸透。雪肌粋　美肌マスク M　30ml ×1枚入¥330／コーセー

国産 高純度ヒト由来幹細胞培養エキス配合。エムディア セラージュ 3Dマスク30ml×5枚入¥9900／メイフラワー

食レポ時のお直しにピッタリ 美容液入りファンデですの♡

マスクでのロケや食レポではすぐにメイクがとれるので、メイクのお直しはいかに手早く、手軽に、キレイにするかが大事。しかも美白成分入りだから条件にピッタリで助かってるー！

オークル10を使用。SPF30・PA+++。HAKU ボタニック サイエンス 薬用 美容液クッションコンパクト　レフィル¥3520、ケース¥1100（ともに参考価格）／資生堂

ストレスフリーで潤う！ 愛し続けてる日焼け止め

ロケタレなんで日焼け止めは1日中、必須！　これは強力なのにつけても全然、肌にきつくなく潤うんです。商品のデビュー当時から愛し続けてます。私はラベンダーカラーを愛用。

光コントロール効果のあるパール配合。肌色コントロール＆キレイ肌に。SPF50＋／PA++++　スキンアクアトーンアップUVエッセンス ラベンダー80g ¥814（編集部調べ）／ロート製薬

50過ぎたらうそツヤも必要♪ シャネル様に頼ります

ずっと気になっていたシャネルのハイライトスティックをようやくポチリ。本当に自然なツヤ肌になって感動！　お勧めしまくっていたら、私の肌を見たメイクさん、スタイリストさん……6人が買いに走ってました！

1万円越えなのに！ さゆり、すでにリピ買い3本目

さすがに目の周りが気になりすぎて、必死でネットで鬼検索！　その結果、成分がめちゃイイ！　と感動して即購入。シワ対策と美白がWで叶うし伸びもよくて結果お得です♪

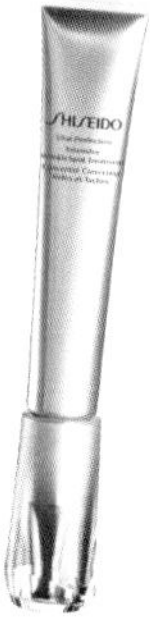

純粋レチノールを含む5つの有効成分を配合。新薬用シワ改善＆美白アイクリーム。SHISEIDO バイタルパーフェクション リンクルリフト ディープレチノホワイト5（医薬部外品）20g ¥14740／SHISEIDO

How to

YouTube発ニベアちゃんパック

YouTubeでチェック！
さゆり51歳 ニベア秘使用法
撃退！冬の乾燥シワ
乾燥の季節でございます
オーノー！
ニベア
保湿の王様

さゆり51歳 ニベア秘使用法
撃退！冬の乾燥シワ
大人ニキビも
出なくなりました
犬神家の一族やぁ
スケキヨ！
Go to お風呂
全然ゆっくりしてへん

冬の乾燥シワに効いたのがニベアちゃんパックです。

超高級クリームと成分が一緒とすごい有名になりましたけど、クリームとして使ったときは合わなかったんです。でも、成分をみたら、お肌を保護してくれるものがたっぷり入っていて、まさに保湿の王様！　それで、冬の間、パックする方法を試してみました。

パックは顔だけじゃなく、首や肩、角質が気になるひじにも塗って、夜の入浴中、3週間、続

パックのやり方

1. クレンジングでメイクを落とす。
2. その日、肌に入れ込みたい化粧水を首までつける。パックすることによって、化粧水の成分も肌に入り込みやすい気がします。知らんけど！
3. ニベアクリームを肌が見えないくらいたっぷり塗る。スケキヨくらい真っ白に！
4. お風呂に入り、湯船につかったり体洗ったりする間、10〜15分間放置。
5. ニベアを落とす。化粧のりが悪くなるので必ずクレンジング＋洗顔を！　洗顔後は肌が乾く前に化粧水とクリームでしっかり保湿してくださいね。

けてみました。そしたら毛穴もキュッと締まった気がして、保湿もすごいされて「キメが細かくて化粧ノリがいいんですけど！」とメイクさんが気づいてくれました。ウレシー！

ニベアパック、ひと手間で出来て、おやすうございます♡

「パックにするとき、ニベアは優しいから顔全体に使える。さゆりは唇にも塗ってます！」ニベアクリーム 169g（大缶）オープン価格／ニベア花王

Method 03

ボヨヨンはげ奮闘記

1、2年ぐらい前から、はげが目立ってきちゃいました。

30歳のときにかつみ♥さゆりを結成してから、私はずーっと二つ結びを通してきたんですね。くくっているあたりが薄くなっていることに気づいたのは、40代に入ってから。やっぱり20数年、毎日、髪を引っ張り上げてくくっているから、今や毛穴広がってるし、毛根が死んでるんですよ。つまりは〝ボヨヨンはげ〟です！

さすがにコレはまずい！　と思い、40代の一時期は一つ結びにして、ボヨヨンはげを休ませていたこともありました。でも、結局、40代後半にツインテールに戻すよ！　となって。ですからこれ以上、ボヨヨンはげが深刻化しないよう、頭皮の血流をすごく大事にしています。

もうね、髪をくくった瞬間、地肌が白くなっていくので、明らかに血流を止めているのがわかるんです。

だから家に帰ると、玄関でカギをしめた瞬間に、まずはブラジャーとボヨヨンを外してます！

それなのに、現在進行形で、どんどん、どんどん毛がやせて、毛量が減ってきてます……このままいったらどうしよう……！　ということで、アメリカ製のいい育毛剤を手に入れました♡

これは、育毛成分界で最強といわれるミノキシジルを限界まで満タンに配合したという育毛剤です。私はこれを必死のパッチで！　毎日つけています。

ただ、ものすごく悲しいことに、今のところ全然いらんとこだけに毛が生えてきてるんです……。例えば口まわりとか眉毛の間とか、もみあげとか……。口周りの産毛なんて「おヒゲか⁉」というほど前より目立つんです！　どうせならまつ毛が濃くなってほしい……。

ということで、未だボヨヨンはげには、一向に、一向に、毛が生えてくる気配はなく、「ココ何毛?」って毛ぇばっかり生えてきてます。最近はこめかみに産毛がふわふわ〜っと生えてきましたね。子連れ狼の大五郎みたいに。何ですか、これ。〝コメ毛〟？

ついに救世主登場！

こうなったらごまかしアイテムで乗り切るのも大事です。そして、さすが令和。いい時代になりました。アッという間に毛が生えてる風にみえるアイテムを見つけたんです！

その名も『Ｆｕｊｉｋｏ（フジコ）』！　私はフジコちゃ〜んと呼んでいます。

フジコちゃ〜んは、頭皮にポンポンッとつけるだけで、毛が生えてる風にみえるパウダー。コレをつけるだけでウソじゃなく、5〜10歳は見た目が若返ります。男性にもおすすめですよ♪

そんなこんなでボヨヨン、死ぬまでやりたいんですけれど、ホンッとに毎日が、髪の毛を取るかボヨヨンをとるかのせめぎ合いです。そこで私は、髪とボヨヨン、最終的にどっちを取るのか？　と真剣に考えてみました。

その結果、「ボヨヨンは、毛が2本残ればできる！」ということに思い至ったのです。なので髪の毛が２本になるまで、私はボヨヨンを頑張ろうと思いまーす！

ケアでダメなら
ごまかしアイテムに
頼っちゃいます

これが愛用のFujiko（フジコ）。私はもう、フジコちゃ〜んを手放せません。特大サイズが欲しい!! Fujiko Deko Shadow ¥1815／かならぼ

Sayuri 52
Ikizama Beauty

♥

第3章

ながら美脚トレーニング20年

インスタ発

美脚階段コレクション

Photo by KATSUMI

インスタでたくさんの人に褒めていただいている、美脚写真。実はぜーんぶかつみカメラマン、プレゼンツなんです。よく、加工してるって言われるんですけど、一切してないんですね。かつみさんの撮り方がマジック的に上手なんで、めっちゃ脚長〜く見えるんです。さゆりを少しでも可愛く見せたい一心で究めてくれました。誰よりも私をきれいに撮ってくれます。ありがたい♡ 階段シリーズは、まさに長年の愛の結晶でーす♡

2017

2018

結婚25周年記念に
ドレスを着ました♡

銀婚式の記念に25年前の結婚式でウェディングドレスをお借りしたクラウディアさんで、ドレスを何着も着させていただきました〜！次は金婚式かな〜♡

2019

50歳1か月前!
人生初ビキニ写真

Tシャツのほうはロケで行ったセブ島。なのにTシャツはめちゃめちゃハワイ。人生最初で最後のビキニ写真は吉本坂46オーディション用。恥ずかしすぎる～

2020

コスプレシリーズは『鬼滅の刃』に大反響！

夫婦で鬼舞辻無惨様（というより人生無惨な我が夫婦）、私は竈門禰豆子ちゃん、甘露寺蜜璃ちゃんをやってみました〜。蜜璃ちゃんは“おっぱい前掛け”使用のウソ胸。

2021

Method 01

いつまでも♥「ミニスカにハイヒール」

私は外出するときはいつも、10〜15㎝ヒールを履いてます。昔は全然、ヒール靴を履かなかったんですけど、履き出してからどんどん、脚がほっそりしてきました。

ヒールを履くようになったのは、30代のときに1か月入院したことがきっかけです。毎日、ほぼベッドの上で過ごしていたら、脚がみるみる細くなっていって「あれあれ？　脚って動かさなければ細くなるのでは！」と気づいたんです。ハイヒールを履くと、足首がロックされてあまり動かなくなりますよね。だから余分な筋肉がつかないんじゃないかな⁉　と思って続けていたら、ホントに脚が細くなりました（あくまで私個人の感想です）♡　しかも、ハイヒールを履いているときもつま先でつねにバランスを取るので、体幹も鍛えられてる感じがします。

よく、「何か運動をしていますか？」とか、「ジムに行ってますか？」と聞かれますが、ジムには一度も行ったことないです。それから、これは持論ですけど、有酸素運動って酸素をガーッと吸うから、体を酸化させるのでは⁉　と思ったんですね。知らんけど！　だから、体をサビさせたくない私は抗酸化のことを考えて「はぁはぁし過ぎない運動」、ストレッチ系だけを続けてます。

しかも私、しんどいことするのは苦手なんです。だから、運動はながらが好き♡　今の脚も、歯を磨く、お風呂に入る、電車に乗る、テレビを観る……などなど、毎日の生活で普通にやっている行動に、ちょい足しするだけの運動で作りました！

ひざ上のお肉も〝太もも尻〟もスッキリ

20代、30代のころは脚キレイとか言われたこと全然なかったのに、50代の今がいちばん、いろんな人から脚を褒められるんですね。私自身、毎日、昨日より今日の脚のほうが確実にキレイ！　って思えてます。ちっちゃな運動だけでも、ずーっと続けていれば、ひざ上にのってた肉はなくなって、太ももまで垂れてたお尻のお肉も撃退！　一見、ハードルの高そうな美脚作りも、しんどいことをする必要はありません。大事なのは「チリつも」。やったらやっただけキレイになれるって信じて続けてまーす！

How to

これやってたら美脚になったー！

さゆり流 美脚立ち

ヒールをはいていても、はいていなくても、立つときはつま先立ちでお尻キュッ！です。いちばん大事なのは、足の親指に重心を置いて、脚の内側に体重をかけること。こうすると、太ももやふくらはぎが、外側に張ってこなくて脚が真っすぐになる気がするんですー

足の親指に重心をおく

お尻をキュッ
ヒール靴を履いていてもかかと浮かせてます

手足伸ばしてボヨヨ〜ン

腕もボヨヨ〜〜ン

後ろにボヨヨ〜ン

1 壁に手をついてつま先立ちで足の親指重心をキープしながら、一方の脚を上げます

2 上げた脚とお尻の境目をキュッとさせながら、同時に同じ側の腕も頭上に伸ばし、脚と腕をどこまでもボヨヨ〜ン！と遠くに伸ばし切ります

私のやっている運動はぜ〜んぶ〝ボヨヨ〜ンキュ！〟。気になるところをストレッチでグワーッと伸ばしてから、キュッ！と力を入れることで、リンパや老廃物を流します。しかも、家ではつねにエア・ハイヒール♡ 料理するときも、衣装に着替えるときも、トイレの往復も、つねにつま先立ちで行動していま〜す。

最初はしんどいし、筋肉痛もくるんです。でも特別な時間を作らなくてもできるしホントに効くので、ぜひやってみてくださーい！

立ちながら ひざとお尻をキュッ

電車のつり革や何かにつかまってバランスをとってくださいね。つま先立ちで足の親指に重心をおくのをキープしながら、ひざ上のお肉をキュキュキュキューと左右交互に力を入れます。ひざ上のお肉がとれますよ〜！

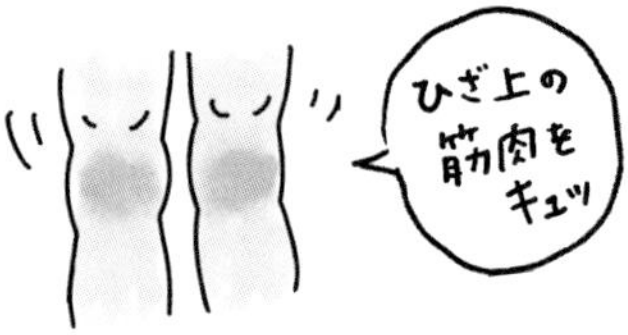

座りながら お尻 キュッキュッ

座ってもつま先立ちで足の親指を重心に。そしてお尻の肉を左右交互にキュッキュと力を入れます。電車や車の移動中やテレビ観ながら、テレワーク中でもできまーす！

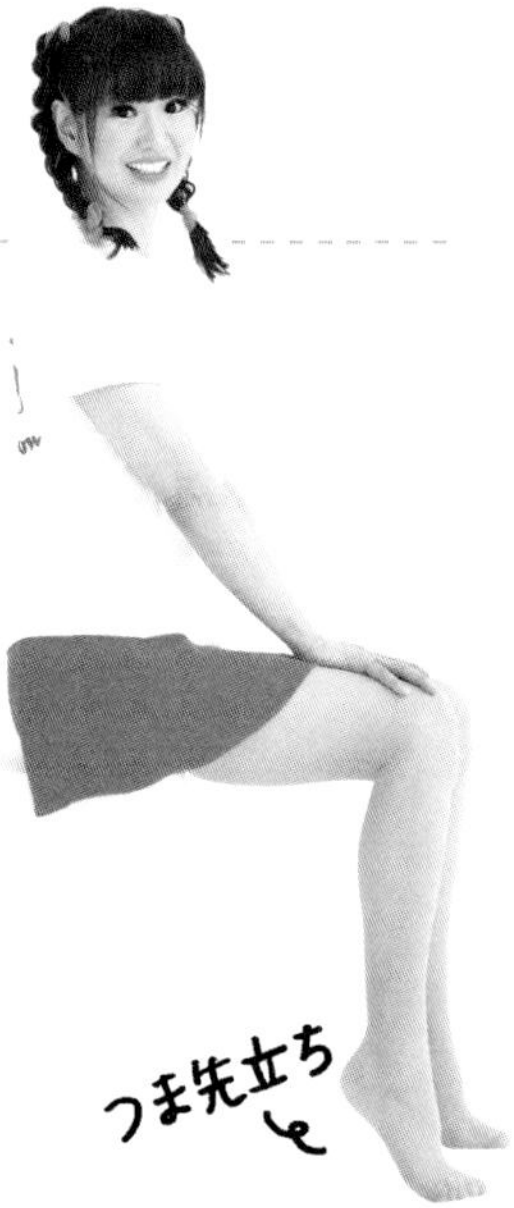

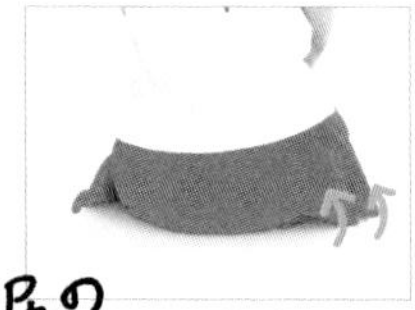

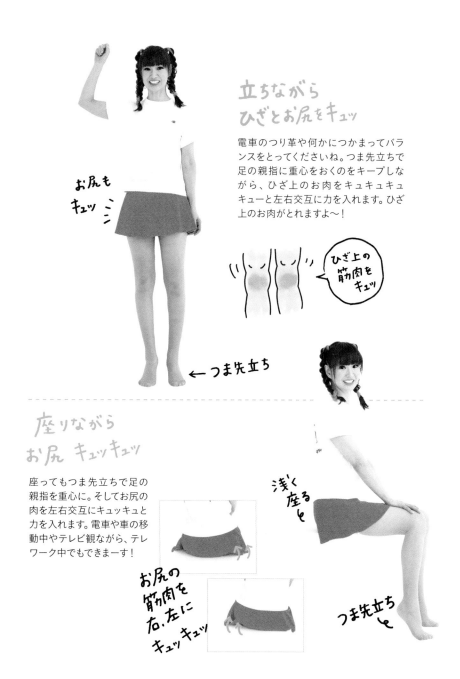

歯みがき編

つま先立ちで足の親指重心をキープ。腰を起点に8の字に腰を動かします。リズムでいったら、1、2、さーーんと、3でお尻をキューッと締めながら、なるべく遠くに向かって回します

おそうじ編

掃除機を持ってつま先立ちで足の親指重心をキープ。一方の脚を大きく一歩前に出して、後ろ足をボヨヨ〜ンと伸ばし、お尻をキュッ！　これを交互に繰り返しつつ掃除機かけまーす

How to

さゆり流ストレッチ ボヨヨ〜ン・キュ体操

起きるついでに
眠るついでに
まずは
伸び

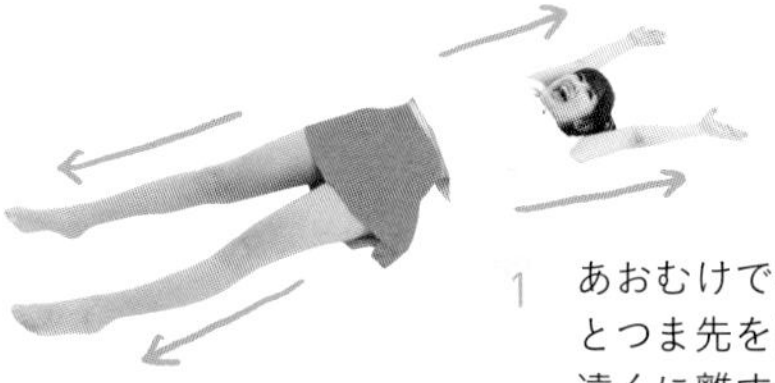

1　あおむけで手の中指とつま先を限界まで遠くに離すイメージでグワーンと伸ばす

2　次に腰をひねって、左脚と右腕を対角線上に伸ばし、左つま先と右手中指を離すように伸び！

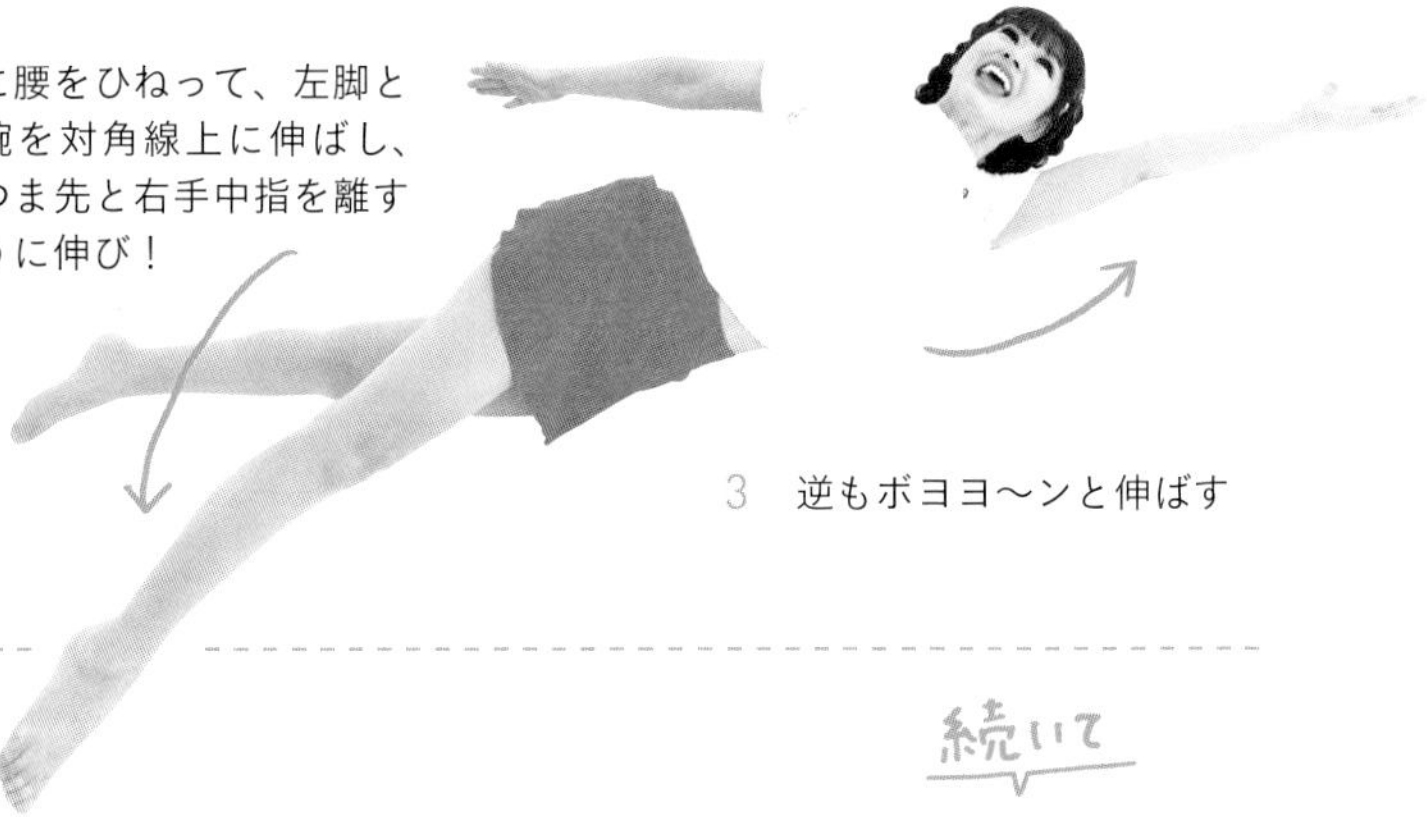

3　逆もボヨヨ〜ンと伸ばす

続いて
体育座りで

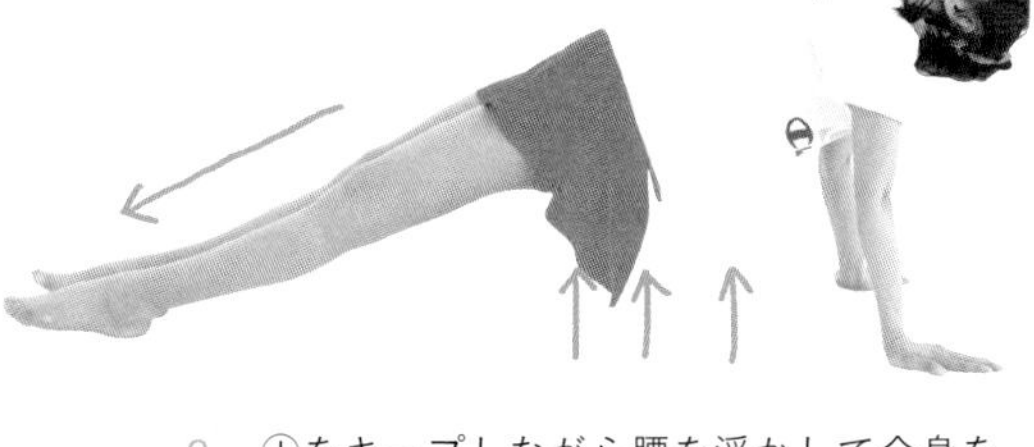

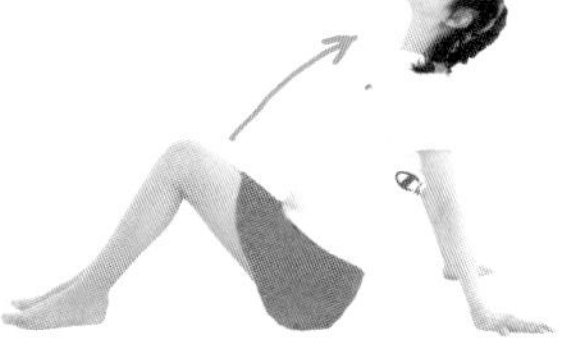

1　後ろに手をついて、胸と頭を反らす

2　①をキープしながら腰を浮かして全身を反らしてボヨヨ〜ン！　腰も伸びるよ♡

1　あおむけで両足を上に上げて
ひざ下を上下にブラブラ～

2　続いて両足を左右に
ブラブラ～

3　両脚を揃えて、頭の先へ
グッと伸ばして…

4　足首を直角に曲げてキープ！　脚の裏側がイタイぐらいに伸ばすのが気持ちイイです～。

この全身ボヨヨンは普通に伸びるだけではダメです。足先から手の指先までしっかり意識して、体の端と端が、「1cmでも遠くに行けー！」と、思いながらグワーッと伸ばします。すると究極に伸びて、フワッと力を抜くと、ドッと血液が流れる気がしてめちゃ気持ちいい！　最後の脚上げと次のページでご紹介しているのは、リンパを流す、むくみすっきりテク。むくみはその日のうちにとるのが鉄則です♡

寝たまま リンパ流し

一方のひざ下を、もう一方のかかとで、骨のキワをグッグっと下から上に向かって押す

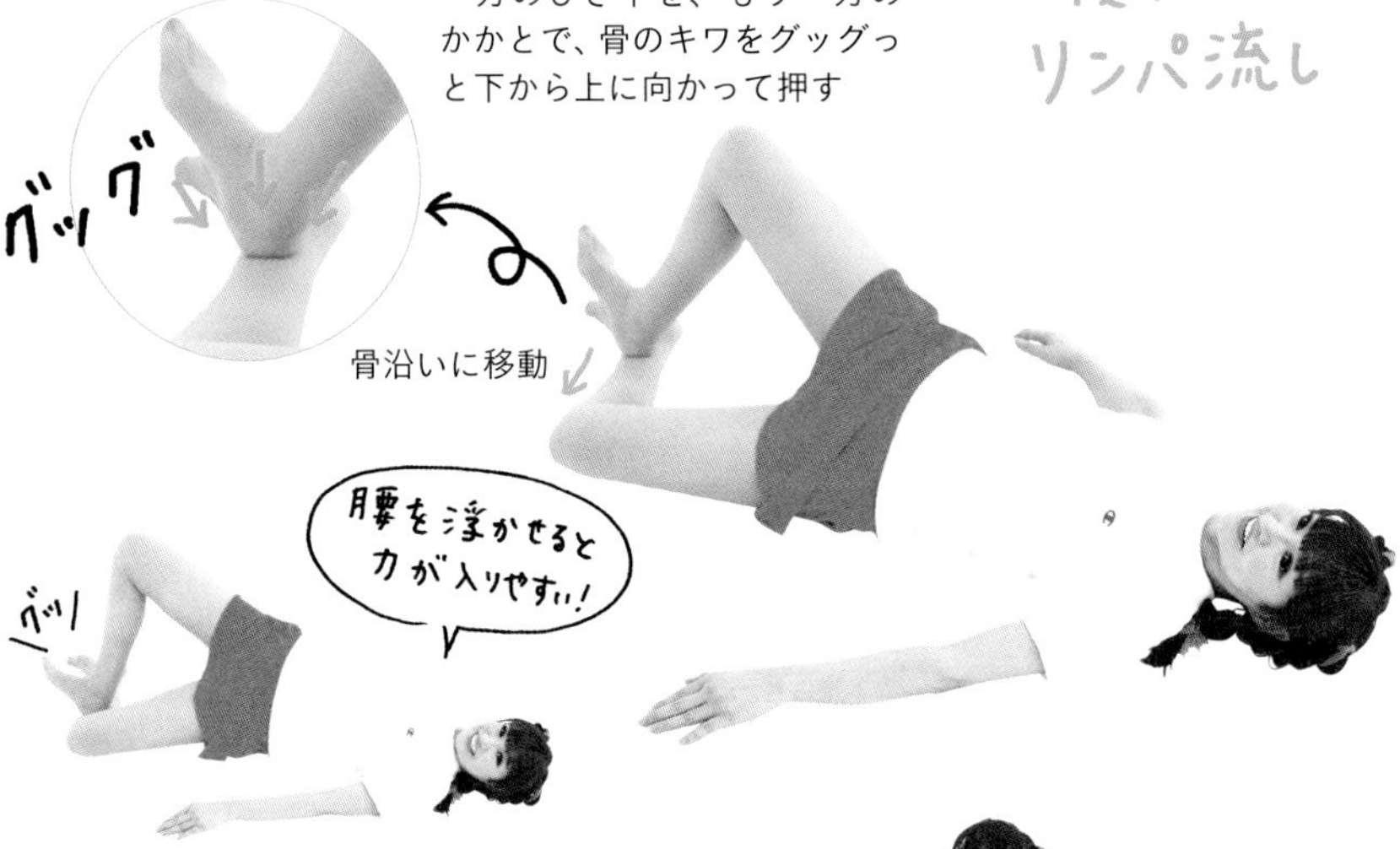
グッグ
骨沿いに移動
腰を浮かせると力が入りやすい!
グッ!

↑このときお尻はキュッ♡

前もも 伸ばし

最初はしんどいので座って

一方のひざを曲げて足をお尻の横に置いて太ももボヨヨ〜ン。慣れたら寝ながらやるとなお伸びます♡

三里を 刺激

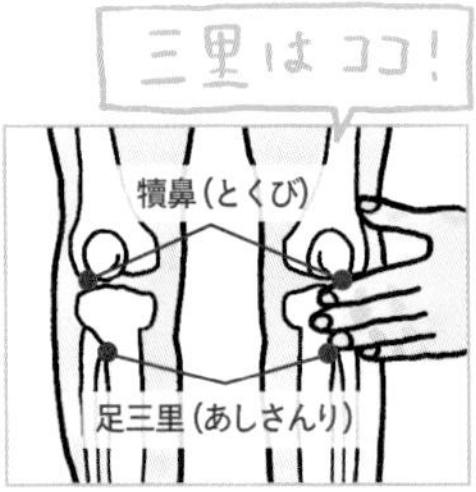
三里はココ!
犢鼻(とくび)
足三里(あしさんり)

三里はむくみ解消のツボ! ひざの皿外側の下端の横あたりにあるくぼみから、すねの脚にそって指4本分下がったところ。押すとずーんと響くところ。

2

押しながら脚をぶらぶら〜お風呂の中やドラマ観ながらやってるよ♪

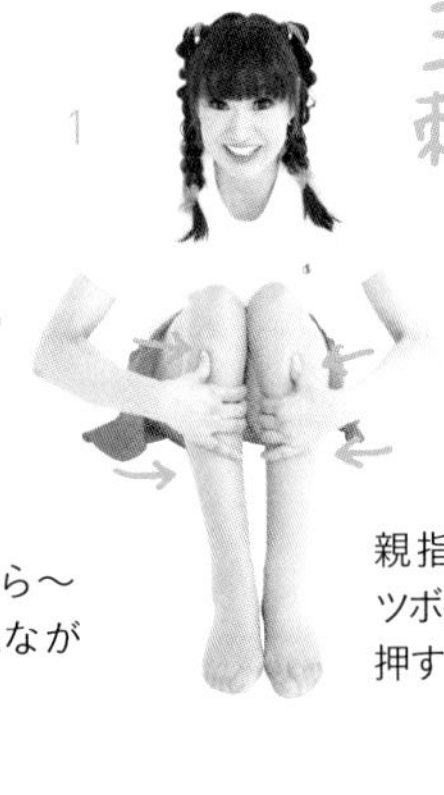
1

親指で三里のツボをキュッと押す

Column

顔面ボヨヨ〜ン・キュ笑！

極めつけは顔面ボヨヨ〜ン、別名「最強猪木」で顔やせ！
コツは目ん玉と舌をいちばん遠くまで伸ばすこと。
アゴをどこまで出せるか！　が勝負です。可愛く♡とか忘れてください!!

お目めと舌

1　目・右上
舌・左下

2　目・左上
舌・右下

3　目・下
舌・上向き

4　目・上
舌・下向き

5　舌をまわす〜

お目めとエラ・アゴ

1　目・右上
アゴ・左下

2　目・左上
アゴ・右下

3　最後はあごを前に
出して最強猪木！

Sayuri 52
Ikizama Beauty

♥

第4章

さゆりの
「抗酸化」&「抗老化」食生活

Episode 3.

貧乏時代のおかげで若返った

20歳でかつみさんと同棲を始めた頃、かつみさんは、1億7000万円の借金を背負ったばかりでした。いつも本当にお金がなかったので、底をつき出すと、本当に、毎日、もやしだけ食べてました。まさに「もやしっ娘」。しょっちゅう50円だけ握りしめてスーパーに行き、もやし売り場に直行です。

何せ私は、平成の時代に病院で「栄養失調ですね」と診断された女です。お腹が空きすぎて、夜中に冷蔵庫の前でケチャップをすすってたこともありました。さすがのかつみさんもこれを目撃したときは「何やってんねん!?」ってビックリしてましたー！　でも私、そのとき気づいたんです！「あ、ケチャップとマヨネーズ混ぜたら、オーロラソースになっておいしいな♡」って！

そんな、ちょっぴり寂しい食卓も、お高そうな料理名つけて「今晩のおかずは〜♡」って言っては楽しんでました。例えば「本日はもやしのせいろ蒸しでございます♡（全くせいろで蒸してないけど）」って具合にです。
そして、我が家の食卓最終形態は……！　〝焼肉〟はごはんに焼き肉のタレをかけただけのもの。〝しゃぶしゃぶ〟はごはんにしゃぶしゃぶのタレをかけたものです。なかでも鰻のタレをかけたごはん〝鰻丼〟は、テンションワンランク上でしたぁ♡
それでも、若いときやったから楽しかったな〜。

お腹が鳴るまで食べない生活

その頃から私とかつみさんは「ご飯はお腹がグーッと鳴ったら食べる」という習慣が続いています。正確にはお金がなくて「お腹が鳴るまで食べられなかった」のですが、今となってはこの食べ方が、老化防止につながっているのでは!?　と思っています。

これは遺伝子の研究をされている方に聞いたお話ですが、人間は何日も飲まず食わずで飢餓状態になると、生き延びるために爪や毛を伸ばすのをやめて頑張るそうです。そこで私は思いました。「爪や髪が成長をやめる＝老化がストップする」のではないかと！
そして、研究者の方曰く、おなかのグーッと鳴る音は「飢餓状態ですよ！」を知らせるサインなんですって。このグーッと鳴ったときに、体のなかで長寿の遺伝子、抗老化遺伝子といわれる「サーチュイン遺伝子」が活性化されるらしいのです。

このサーチュイン遺伝子の研究結果は、2匹のお猿さんに、それぞれお腹いっぱいと腹七分目のごはんを28年間あげ続けた実験から発見されたそうです。私とかつみさんは、32年間、「グーッ」と鳴ってから腹七、八分目で食べていますから、お猿よりも長い生きた人間の研究結果です！

よく「さゆりちゃん若いね」と言っていただきますが、確かにかつみさんも還暦を前にしてお肌はツルツル、髪はフサフサ。白髪もほとんどなく、お腹も全く出てません。

まさに長寿遺伝子がオンされた結果ではないでしょうか⁉　知らんけど！

ありえない還暦、目指してま〜す♡

「若いですね〜！」と言われるのはサーチュイン遺伝子のおかげ!?　かつみさんなんて、今でも髪フサフサ、お肌ツルツル。ありえない還暦に向かってまーす♡

Method 01

スーパーフード！お茶ちゃん

私は「酒飲み」ならず「茶飲み」です。

子どもの頃、おじいちゃん、おばあちゃん、そしてひいおばあちゃんと一緒に暮らしていたので、毎日、朝・昼・晩とお茶を飲むことがふつうでした。

おばあちゃんはよく、あったかいお茶にあられを入れたのを出してくれました。お塩をチラチラってかけて食べるんだけど、私、これが大好きだったんです。そして、母もよくお抹茶を点ててくれたので、子どもながらに、お茶っ葉をしがむぐらいお茶が大好きに。〝三つ子の魂百まで〟じゃないですけれど、そんなこんなで今も毎日、お茶を飲んでいます。

仕事で外にいるときは急須で淹れられないので、ペットボトルのお茶を飲んでいます。大好きなのはサントリーさんの伊右衛門 特茶。体脂肪減らすのを助けてくれる安心のトクホです！ 私のお茶好きはスタッフの皆さんも知ってはるので、楽屋やロケ先ではいつも、伊右衛門 特茶を用意してくれてます。感謝♡

あまりにもお茶が身近過ぎて気づかなかったのですが、ある日、お茶ちゃんはとってもとっても優秀なスーパーフードだと知りました。

含まれている成分をザッと挙げると、カテキン、ミネラル、カフェインにテアニン。サポニン、クロロフィルにアミノ酸。ほかビタミンCやEやらに、葉酸も〝ようさん〟入ってます。本当にわけがわからなくなるくらい、体によい成分がいっぱい含まれているんです。飲んでいてよかったーッ！

特に私にとってうれしい成分は、抗酸化成分です。ストレスや紫外線を浴びまくっている私たちの細胞は、酸化して傷だらけ・サビだらけ。まさに、細胞の酸化こそ老化です。さび怖い!!

緑茶に含まれているカテキンちゃんやビタミンCは、そんなおそろしい酸化を抑える働きをしてくれるそうです。

加齢は必至のパッチで抗っても防げません。でも酸化は、頑張ったら防げると思うんです。ということで、お茶ちゃん、本当にすごいスーパーフードだと思うので、皆さんも毎日、チャ（茶）チャッ（茶）！　と飲んでみてくださいね♡

Method 02

骨から老けるは顔から老ける

私はお肌が調子悪いなと思ったとき、1週間連続で、総合美容食といわれる納豆と大量に炊いたひじきを食べています。

何を欲しているかというと、カルシウムです！

カルシウムを意識するようになったのは、母の骨折がきっかけです。母は大腿骨を骨折した後、心も体も、いきなり全てが弱りました。その姿を見て、やっぱり大腿骨ってめちゃくちゃ大事だと思ったんです。

しかも私、いつも高いヒールの靴を履いているので、コケたら間違いなく大腿骨いかれますでしょう？　そこで一度、骨密度も計らなきゃダメと思い、病院へ測りに行きました。

結果、私の骨密度はナント！　51歳の平均値の半分以下だったのです!!

ガーン！

うすうす、自分でも骨弱そうやなと思ってはいましたが、予想以上にめちゃめちゃ低い数値でした。でも振り返ってみると、学生時代なんて1年に1回の勢いで骨折してたぐらい、元々、骨弱い方だったんです。バレーボールでトスしただけで中指折れたこととかありましたから！　しかも大事な音大受験の３か月前に！

で、なんで肌の調子が悪いとカルシウムを欲するのか？　私はハタと気付いたのです。

家は土台（基礎）が大事やないですか。土台がゆるゆるだと、どんな立派なお家でも崩れちゃう。人間に置き換えたら土台は骨格ですよね。つまり、骨が崩れる＝上にのっかる肉が崩れることを意味します。だから骨はしっかりしてないとダメだ！　と気づいたんです。

しかも、私ぐらいの年になると女性ホルモンの分泌がどんどん減ることで、骨からカルシウムがどんどん溶け出して、骨粗しょう症になりやすいそうです。

言われてみると、人間っていちばん先に顔が老けませんか？　頬がこけたり口周りに深いシワ刻んできたり。特に骨に穴空いている目周りは、脂肪がなくなって落ちくぼんできたり、クマができたりと老化が早いと思うんです。

目の周りって骨に穴空いてますでしょ？　私のロケ取材知識によると、ここがいちばん、骨も溶けていきやすいんですって！　だから、肉の崩れも如実に出やすいのだと思うんです。知らんけど！
そんな話、美容液や化粧水を使うよりも、もっと奥の話じゃないですか。もっと早くに知りたかった……！

カルシウムを摂る！　摂る！　摂る！

ということで、ひじきと納豆です。特に納豆は、女性ホルモンのエストロゲンと似た働きをする大豆イソフラボンも含まれているので、一石二鳥。必死に食べています。

食事だけでは足りないかなと思って、カルシウムのサプリメントも、ものすんごい飲み始めました。
私、骨って生まれたときからずっと一緒に育ってきてると思っていたんですね。でも骨って実は日々、壊されて生まれ変わってをくり返してて、3〜5年でぜーんぶ入れ替わるそうです。しかも、年々、骨を作る細胞（骨芽細胞）より破壊する細胞（破骨細胞）が強くなる。だからきれいに入れ替えてあげないと、破壊されるばかりで骨粗しょう症のリスクも高くなるそうです。

というわけで、骨を作る細胞を助けるために、サプリメントを摂るようになったんです。

家でもなんでも基礎工事が大切です。しっかりした土台があってこそ、外見も保っていけます。さゆり52歳、遅いかもしれないけれど、必死でカルシウム、摂り続けま～す♡

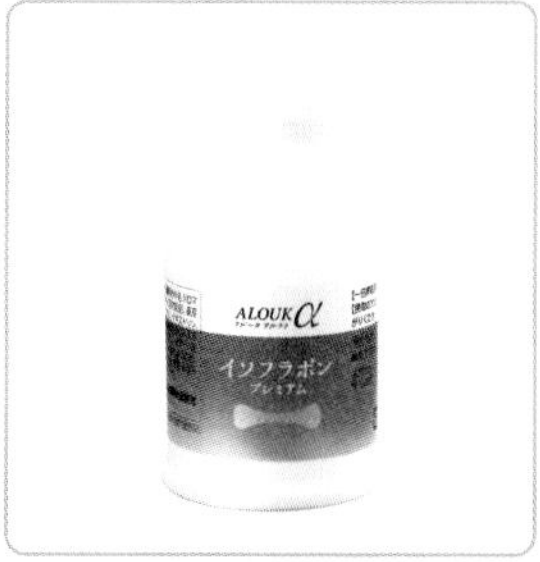

丈夫な骨のための
5大成分配合のサプリ

「欠かさず毎晩飲んでます」。骨の成分の維持に働くイソフラボンとカルシウム、マグネシウム、コラーゲン、ビタミンDでフルサポート。アルークα イソフラボンプレミアム 300粒入り¥4320（通常価格）、¥3888（定期お届けコース）／ワダカルシウム製薬

Healthy food

とことん信じて摂りまくる「若さの習慣」フード&ドリンク

トクホのお茶は毎回箱買い! 体脂肪減らす魔法かけてます♪

我が家で箱買いしているのが、サントリー特茶。ありがたいことに番組のスタッフは皆知っているので、楽屋に何本も置いてくれはります。企業さんのトクホ取得するための苦労話をロケで聞いてきたので、トクホ信じてるー!

京都の老舗茶舗「福寿園」の茶匠が厳選した国産茶葉を使用。特定保健用食品 サントリー緑茶「伊右衛門 特茶」500ml ペットボトル ¥183/サントリー

豆乳

豆乳でイソフラボンを“投入”〜♡ この豆乳だとプロテインのお味がもっと美味しくなります。キッコーマン 低糖質 調製豆乳1000ml ¥303(希望小売価格)/キッコーマンソイフーズ

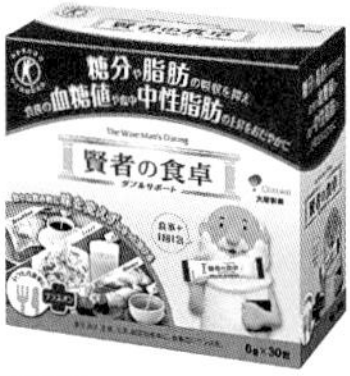

賢者の食卓

箱買いのトクホサプリ。あらゆるメニューに取り入れるので煮物も味噌汁もトクホに変身! 特定保健用食品。賢者の食卓 ダブルサポート 30包¥1944/大塚製薬

朝ご飯はホエイプロテイン 全然、お腹空かないです♡

朝食はホエイプロテインの豆乳割りで、朝からしっかりタンパク質。お昼まで全然、お腹空かないで仕事に突入できます。賢者の食卓とユーグレナも放り込んでまーす。
これを『ハリー・ポッター』のバタービールのジョッキグラスで飲んで魔法かけてます♡

ホエイプロテイン

このプロテインは本当に美味しくていちごミルク飲んでるとしか思えない♡ GOLD'S GYM ホエイプロテイン ストロベリー風味 360g ¥3456/THINKフィットネス

ユーグレナ

植物と動物の両方の栄養を備えるこれぞスーパーフード。太古からいる生物で、ある意味祖先だから体になじみが良い気がします。からだにユーグレナ グリーンパウダー 3.7g×30包 ¥4536(通常価格)/ユーグレナ・オンライン

生のトマトも常備してます。酢の物にしたり、写真のようにトマトのサラダは玉ねぎと一緒に食べたりして血液サラサラ〜♪夏は凍らして、おろし器でおろしてトマトかき氷にします。はちみつをかけてもおいしい！

トマトは食べるお薬
毎日摂って血液サラサラ

番組の健康診断で高コレステロールが発覚し、「とにかくトマトを摂りなさい！」とお医者さんにいわれた私。トマトジュースも箱買い。お薬レベルに頼れる存在！

上・リコピンとGABAを含有。血中コレステロールが気になる方や血圧が高めの方に。カゴメトマトジュース食塩無添加200ml ¥110前後／カゴメ

下・「コレ、超おいしいよ♡」（さゆり）。厳選された完熟トマトを使用。砂糖・食塩無添加のトマト100%飲料。理想のトマト PET 900g ¥432（希望小売価格）／伊藤園

手作り 健康メニュー公開

手羽先ごろごろ　コラーゲンスープ

佐伯チズ先生直伝のコラーゲンスープはお肌のために続けていることの一つです。たっぷり作って、継ぎ足し継ぎ足ししながら、1か月の1/3は食べています。かつみさんも一緒に食べているんで、若くいてくれるのにひと役買っているのかも！ ●作り方は超簡単！　大鍋に適当に手羽先を何十本もブワーッ放り込んで、煮立たせてコラーゲン出して、コンソメスープの素を入れて、塩・こしょうで味を整えたら、出来上がり。セロリを入れて煮ることもあります。柔らかくなったお肉と一緒に食べます♡

お腹ふくらむ　わかめとねぎのごま油炒め

私の美容食！ 番組の料理コーナーで教えていただきました。わかめの食物繊維、ねぎのデトックス成分、そして余裕があるときは、ちりめんじゃこや梅ちりめんじゃこひじきも入れて、カルシウム＆たんぱく質を投入―！　おいしいし食べ応えあるし、しかもお腹ふくらみます。本の撮影に向け、ひたすらこれを食べて太らないようにしました。●白ねぎ１本と同量のわかめをごま油でサッと炒めて、中華だし（私は創味シャンタン）で味付け。白ごまかけて完成〜♪　スープの具にするのもおすすめです♡

Column

やる事いっぱい！　必死のパッチ！

夫婦の開運ルーティン

かつみさんはすごく縁起をかつぐ人です。

朝起きたら、まずは自宅マンションに作った神棚に手を合わせて、テレビ番組の星占いを必ずチェック。自分の星座が1位や2位やと「やったー！俺、今日めっちゃ運いいわー!!」とめちゃめちゃ信じはるけれど、11位12位だと「こんなん当たるかーっ！」と信じません。毎日毎日、これの繰り返しです。

だから、我が家は縁起担ぎルーティンもスゴイです。

まず、玄関の飾りやいろんな額はぜーんぶ微妙に〝右肩上がり〟に置いてます。かつみさんはずっと株をやってきたので「下がりたくない」んですね。食事のときの食器の配置まで、ちょっと右肩上がりです。

出かけるときは玄関先に飾ってある4枚の小判の文字を「大恋愛　大幸運　大成功、大金持ち！」と声に出して唱えます。それから後ろ向きに置いてある小判をくわえたカエルの置き物を、くるっと正面向きに回転させて「いってきます！」と言ってから玄関を出ます。帰宅時は同じことを唱えた後、正面を向いたカエルをくるっと壁のほうに向けて、「今日もありがとね」と頭をなでて、家に入るんです。

それから、時計が目に入ったときに数字がゾロ目だった場合は、必ず目にした方が相方にその数字を伝えるのもお約束。言われたほうも、例えば「444!!」と言われたら必ず「444!」と返さなければいけません。例え大事な打ち合わせ中でも、絶対です。これが二人のラッキーおまじないですから、忙しいからといって見なかった振りしたり、おざなりにすると、かつみさんに怒られます。ちなみにいちばんのラッキーゾロ目は「1111(11時11分)」です。

こんな感じで、ふたりだけのアホみたいなルールがたくさんあるのです。

西が欠けた家

さらに、うちの玄関にはすごい数の招き猫がいます。

前に住んでいたマンションを番組で風水・占い師の方にみてもらったとき「こんな鬼門だらけの家はない!全然あかん!」といわれたんですね。「どうりでうまいこといかないと思ったーっ!!」ということで、今の家に引っ越してからすぐ、同じ風水・占い師のバラモンさんにみてもらいました。

マンションの前についたとたん、「ここ、土地最高やなー！」とバラモンさん。ところが部屋を見てもらった瞬間、「この家、西に部屋がないわ〜」とポツリ。は？　何のことやろと思っていたら「これじゃあ頑張って働けば働くほど、隣の部屋の人が儲かりはるよ！」と、言われたんです‼

なぜそこだけ欠ける〜〜ッ!?

どうしたらいいんですか、というかつみさんと私に、「この家のいちばん西側にあたる玄関の横に黄色か金色の招き猫を置いてください。そしたら、財運があがりますよ」とバラモンさん。それからはふたりで行く先々で招き猫を買い、かれこれ20年間、必死で集めています。もう、100体ぐらいいますから、それだけで金運どっかいってんじゃないかって話ですよ。

ほかにも北の鬼門のトイレとお風呂は「清潔にしとかないと、汚れも悪い気もどんどんたまる」と言われ、「ここをキレイにしておくのは大黒柱の自分の役目だから！」とかつみさんが必ず掃除しています。そして気の通り道であるキッチンは、私が絶対に汚さないようにしています。ここもキレイにしておかないと悪いものが流れていかないらしい！

そこまでして何を欲しているかというと、金運です、お金です━！　これ以上、嫌なものもきたらイヤやから、必死のパッチで風水信じてやってます～。

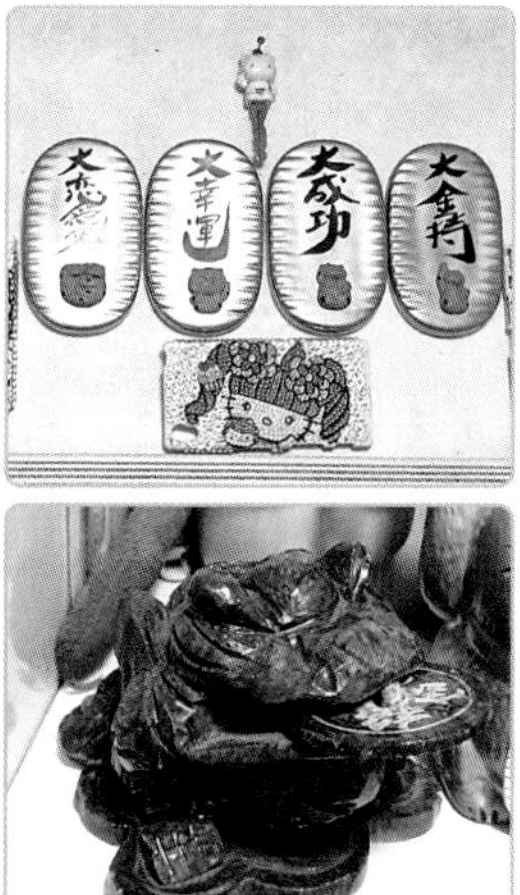

我が家の金運スポットを大公開～！

100体以上の招き猫と金運待ち！　小判には「二人でずーっと仲良く恋愛してたら大成功して、最後には大金持ちになるよ！」という意味を込めてます♡　小判の上にお守りとして祀ってるのは初めて2人で住んでたマンションのカギ。

Sayuri 52
Ikizama Beauty

第5章

しんどいをハッピーに変える「可愛げ力」

Episode 4.

借金10億円の前と後

よく、「さゆりちゃんて、あまり落ち込んだりしないの?」と聞かれます。言われてみると、心持ちはいつも安定しています。もちろん、ショックなことがあればドカーンと落ちますけど、それほど長くは落ち込みません。たぶん、気持ちの切り替えがすごくうまいんだと思います。

そんな私にも、ストレスからできた白髪があります! なんと、かつみさんと同棲を始めてたった1か月で生えてきたという白髪。通称「かつみ白髪♡」。しかも弱冠20歳のときに、です!!

当時は、かつみさんが借金を作ったばかり。毎日、支払いに追われ、ポストにはパンッパンになるほどの大量の督促状。利息? 延滞金? と、もうその内容も対応もよくわかんなくってパニックー!! 生活費もギリッギリなので、ご飯もちゃんと食べられない日々……。あまりにも急激な環境の変化と、栄養失調と、過度のストレスが、一気にきた結果の白髪です。

ちなみに、かつみさんはほぼ白髪、生えてません。強い、強すぎるー！　精神ちぎれてるー!!

そんな白髪まで作ってしまった私ですが、どんなストレスも前向きな気持ちに転換できるんだなぁって思う事件がありました。

忘れもしない、１９９９年、ノストラダムスの大予言の年。亡くなったかつみさんのお父さんが、生前保証人になっていたというわけのわからない借金。これが恐怖の大魔王ならぬ、10億円という大借金となって、ナゼか３人目の愛人の子である、かつみさんに降ってきました！

「自分で作った借金は、自己破産せんと返しきる!!」っていうかつみさんの強い思いに寄り添って、二人で何年も必死に頑張って、食い下がって返してきた、１億７０００万。返しても返しても、減るどころか、利息で2億ほどになっちゃった1億７０００万。それが12億になったら、厳しい！

でも、その後、弁護士さんの「遺産はプラスでもマイナスでも、相続できるし、放棄もできます」っていう助言のおかげで、10億円の借金は放棄。元の2億に戻りました。

不思議なことに借金の額は同じ2億でも、10億が乗っかってきた前と後とでは、まったく重みが変わるんです。「あれ？　2億だったら返せるよね？」みたいな。むしろ10億マイナスになったね♡　ぐらいに気持ちが軽くなったんです。

「されど2億」か「たかが2億」か。見方を変えちゃえると、どんなに巨大なストレスでも、フワッと軽くなります。それを決めるのは、私の気持ちひとつです♡　生きていくために自ら編み出した術かしら？

毎日のように身の回りで起こるストレスも、同じかなと思うんです。ショックー！　と思うことも見方を変えたら励みになったり。どうせ起きたことが一緒なら、後悔したり、自分を責めたりするよりも、「ヨシ！　次頑張るぞ〜！」と方向転換しちゃえば、今よりちょぴっと、楽しくて幸せな毎日になるんじゃないかと思います♡

Method 01

ストレスを与えるよりも“ひと口のご褒美”

ダイエットを頑張っているときほど、１日中、食べることを考えたり、お腹が空いたり。皆さんも、そんな経験ないですか？

さゆりは変に「やせたい、やせたい！」と考えるときほど、お菓子のことばかり考えたり、「これ食べるより、カロリー低いアレを食べよう」と妄想したり、結局、余計食べ物のことで頭いっぱいになってしまいます。

意外とダイエットを意識しないほうがあっという間に時間が経っていて、食べることさえ忘れてた！　となるんです。

ダイエットって頑張りすぎるほど、そのストレスで、やせにくいし、結局、太ってしまう。これが、長年の経験と感覚で、発見したことです。

だから私は「何か食べたい！」と思ったらガマンをせず、ちょこっと♡自分に「食べたい」と思った物をあげてます。それがカロリーが高いものだったとしてもです。

ちょこっとでも食べると、なんだか落ち着くんですね。食べたい気持ちがブワッとわくのは、きっと、体が欲しているから。だから、ガマンしてガマンして、とするほうが、その反動でドカ食いしてしまうんだと感じます。

いい加減は「良い」加減

私はダイエットも美容も、頑張りすぎなくていいと思ってます。なぜなら、自分を追い込むほど、マイナスの方向に行って、いいことないと感じるからです。

例えば朝晩の美容のルーティンも、毎日、100%できているわけではありません。やっぱり仕事で疲れてしんどかったり、時間がなかったりすれば、完ぺきにできひん日もあります。

でも、それでいいと思ってるんです。

「今日はちゃんとできひんかった……」と、できない自分を責めることは絶対にしないです。それよりも、「ホットタオルはできなかったけど、コレはできたしオッケ~♡」とか「明日やろう！」とか、一つでもできた自分をほめてあげて、「次、次！」と切り替えています。

人間って肉体疲労では絶対に死なないけれど、精神疲労では死ぬそうです。精神ってホルモンとか自律神経とか体のいろんなものを司っています。だから精神を安定させることは、お肌の安定にもつながるし、シワやたるみなどの老化を防ぐと思うんです。知らんけど！

やっぱり何よりストレスを抱えることが、肌や体に悪いと思うんですね。完ぺきを求めすぎて、「もうしんどいわ！」って投げ出すよりも、一つだけでもできることを見つけて続けることが大事。そもそも、自分でストレスをかける必要なんてないです。昨日はできたけど今日はできひんかったなぁ、でいいんです。

いい加減は「良い」加減♡

「やれるときにやる」という気持ちで、もっと気楽に、適当に。私も「忙しいのに1分でもようやったなぁ、ほめてあげたいわ♡　さゆりちゃん」っていつも言っています。本当に自分に甘いですよね、私！

Method 02

ありがとうのハードルを低く

よく番組の事前アンケートで「旦那さんのイヤなところやエピソード」を書く欄があります。でも私は、かつみさんに求めることのハードルが低いのか、カチンとくることが少ないからかはわかりませんが、いつも書くことがなくて困ってしまいます。

奥さま代表の声として「着ていたものを裏返しのまま、その辺に脱ぎっぱなしの旦那にイラっとする」という話、聞きますでしょう？　でも私は、怒るほうがパワーがいるし、大変な気がするんですね。「なんで脱いだものを表に返しておいてくれないの!?」と考えるよりも、気づいたときに自分でやっちゃったほうが、すぐに終わるし、運動になるし、何より不満も溜まらないのかなと思うんです。

かつみさんも服をブワーッて脱いで、放ったらかしにすることはよくあります。でも私は、「洗濯物はかごにちゃんと入れて！」とか「靴下は表に返しておいてよ！」とか言ったことがないです。

逆に、私自身がしんどいときは「洗いもんは明日するからごめんね〜」と言います。ホントにしんどい日まで、自分に家のことを課することはしません。そんな感じで、おおらかにやってます。

そんなふうに考えられる理由はたぶん、明治（ひいおばあちゃん）、大正（おばあちゃん）、昭和（母）と、三世代の女に育てられたこともあると思います。「家のことは男の人にさせたら駄目」とか、「男子台所に入るべからず」とか、当たり前と教わってきましたから。古い考え方ですけれど、おかげさまで、かつみさんがちょっと掃除した、買い物したとかでも、心の底から「ありがとうっ！」って思えるんです。「ありがとう」のハードルが低い！　でも、今となったらそう思えることって、ありがたいです。

ジムの時間がやってきました♪

それと、やらなければいけない家事が増えたときはいつも、「あ、ジムの時間がやってきました～♪」って思っています。

家事って本気でやったら、めちゃめちゃしんどいじゃないですか。わざわざジムにいかなくても結構な運動量になるし、あんなに体を使える機会、ほかにないですよ。わざわざ時間使って、お金使って、ジムまでいかなくても、家はキレイになるしカロリーは消費できるしで、一石二鳥♡　家事をジム代わりの運動と思ったら、ぜんっぜん楽しく動けます。

旦那さんや家族にあれこれやって～と言われたら、ジムのトレーナーに言われたと思えばいいんです。そうすれば、「自分でやってよ！」「今座っているのにまた!?」と小言を言いたくなるところも、「ジムの時間♪」と思って、ハイハーイ！　と明るく動けます。

小言を言わない。これ大事だと思うんです。

きっと男の人って「もー！（プンプン！）」とか言われるのは好きじゃないじゃないですか。逆に家族にイライラをぶつけるのも、後味悪いじゃないですか。

でも自分が文句をいわなければ、旦那さんもまた優しくしてくれると思うんです。お互いそうやって、いやなことしないでおこうと大事に思っていたら、うまくいくんやろうなって感じます。それがどんどん積み重なっていくと夫婦の関係も、すごくいい方向にいけるのではないでしょうか。

たぶん、かつみさんが未だに「さゆりちゃん可愛いな」といってくれるのは、私が小言をいわないからかもです。そして私は〝小言を言わない〟のではなく、ただ、〝ラッキー！〟と考えて動いているだけ。

かつみさんは私がハイハーイ！　と動くたび、「初ヤツだな♡」って思ってくれてるのかもです。知らんけど！

Method 03

年相応じゃなくて「好き」相応

結婚式でのキダ・タローさんの言葉

私たちの結婚式では、そうそうたる先輩方やお仲間の皆さまから、素敵な爆笑スピーチをいただきました。

そのなかで、キダ・タローさんが「10年後にふと隣りを見て、嫁さんが幸せそうな顔をしていたら、自分が愛情をかけてきた証拠や。逆もやで」という祝辞をくださいました。

もしも、旦那さんが奥さまのことを「こんなおばさん」と思ったら、「こんなおばさん」という扱いで、奥さまに接してきた結果、そうなったんやと。それは奥さまが旦那さんを「私の素敵な旦那さま♡」ではなく、「こんなおじさん」と思いながら接しても同じことです。

このお話を聞いたときに、あ、その通りだな。大事なことを教えていただいたなって思いました。

やっぱり、おばさん、おじさん扱いされたら、人はその型にハマっていくんだなーって。

私の場合、いちばんそばにいるかつみさんが、その年齢の枠を外してくれてます。それは本当にありがたいことです。

かつみさんは絶対に私を、「52歳のおばちゃん」として扱いません。19歳で出会ったときからずっと、女の子として接してくれます。私は家では「ちび」って呼ばれてるんですね（成人式3回目も近いのに！）。かつみさんは、ちびちゃん、ちびちゃんと、古女房扱いは一切しません。

だから、気持ちは知り合ったときの年齢のまんまいれてます。知らない間に52歳になってたけれど!!

きっと年齢に囚われると、そこに自分をハメて、その型に向かって、自分を持ってこうとします。だから、いつまでも若くいるには、まず型を外すことが大事ではないでしょうか。

今のカラダは服が作ってくれた

さて、私の今の衣装の原点は松田聖子ちゃんです。なぜか！　私の永遠のNO.1アイドルが聖子ちゃんだからです。

そしてふつうは、年をとるたび長くなるのかもしれませんが、私のスカート丈は、なぜかどんどん短くなっています。30歳でかつみさんとコンビを組んだ頃の衣装を見ると、今より丈が全然長くて、自分でもビックリします。

人って、例えば私の年で超ミニをはくと、「そんな短いスカート、いつまで着るの？」とか言うじゃないですか？ スカート丈だけでなく、「30代なのにカラコンなの？」とか「20代でツインテールあり得ない！」とかいいますよね。けれど、あり得ないことは絶対になくて。ミニスカも、カラコンやツインテールも、自分が好きなら何歳でもやっていいと思うんです。やっぱり、好きな洋服を着ると、ウキウキするし、1日中、楽しくいられますでしょ。だから私は自分の着ている服が、なんぼ時代遅れやとか、年甲斐がないとかって言われても、「でも私、大好きなんです！」って堂々と言っちゃいます。

そもそも、自分が好き＝似合うスタイルだと思うんです。似合うから好きだし、人に何と言われようと着たいと思う。これは私だけでなく、皆さんも一緒だと思うんです。自分に似合う服は、自分がいちばんわかっていますよネ。

だから、今のカラダも服が作ってくれたというか。好きな服を可愛く着るために、やっぱり脚を出す努力をするようになりましたし、似合う体を頑張って作ってきたんです。だって、いつまでも好きなものが似合う自分でいられたら、いいと思いません？

あと、私はかつみさんの好みの女の子になりたい♡　というのもモチベーションになってます。

昔、かつみさんが「コレ、さゆりちゃんに似てる〜」と言って、フィギュアを４体も買ってくれたんです。それがすっごくうれしくて。そのフィギュアのスタイルから離れないように、というところから、他のフィギュアの衣装もマネするようになって、私のなかでだんだんフィギュア寄りの聖子ちゃんスタイルになっていきました。

かつみさんは私の好きなものに対して、絶対に否定しません。ふつうだったら旦那さん、嫌がるだろうなという洋服を着ても「さゆりちゃん可愛いやん！」「ええやん、似合うやん！」って言ってくれます。何なら、お誕生日のプレゼントにピンクのランドセルをくれたこともあります。以前、

「私の小学生時代には、ピンクなんてなかったからうらやましい……」と言ってたのを、覚えてくれてたんですね。ふつうは「アホかおまえ！　やめてくれ〜」と言われると思うけれど。

私はマルキューブランドが大好きですが、マルキュー（渋谷１０９）に洋服を買いに行くときも、いつも一緒に来てくれます。恐らく、１０９史上、最高齢のカップルですよ。あはは！

かつみさんは私が試着するときに、着た感じを確認できるようにと、ほめたり、盛り上げたりしながら、写真も撮ってくれます。たぶん、娘の喜ぶ顔が見たいという、お父さんの感覚に近いのかな。「世の旦那さんも娘さんには喜ぶことを色々としたり言ったりしてあげるやろ。それを嫁にもしてあげたらいいのに」って。よく、かつみさんも言っています。

可愛いって言われる花になれ

みんなに若いね、変わらないね、と言ってもらえる理由は、こんな風にかつみさんがおばちゃん扱いをせず、32年間、「さゆりちゃん可愛いね」

と魔法の言葉をかけてくれるからかなと思います。

20年前のロケで、２本のバラを使った実験を見せていただいたことがあったんですね。１本のバラには「可愛いよ〜」「今日もきれいね〜」とほめ言葉をかけ続け、もう１本には「汚いわ〜」「おまえなんて、はよ枯れたらええねん！」と罵詈雑言を言い続ける。すると、ほめ続けた方のバラは１週間、きれいに咲き続けましたが、もう一方は３日で枯れたんです。そのロケの後、「バラでもそうなら、人間やったらもっと差が出るやろ。だから人にかける言葉は大事にせなあかん」というかつみさんの言葉が、心に残っています。


そして私は、自分自身に対してもポジティブな言葉をかけてあげよう、と心掛けてます。

鏡を見たときは必ず、鏡の中の自分に笑顔をあげるんです。そして、「また疲れた顔してるわ〜」「シワ１本、増えてるね……」というネガティブワードではなく、「今日もいけてるねー！」「肌ツヤッツヤだねー！」など、ポジティブな言葉をかけています。

うれしくなる言葉をかけてもらったら、表情はキラキラしてくるし、口角も上がるし、意識もいい方向に向きますよね。大切な人にも自分にも、魔法の言葉をかけるって大事だなって思います。

かつみさんからまさかの誕生日プレゼント

じゃーん！ これが正真正銘ピンクのランドセルです。子どものころの夢が叶いましたー！　かつみさん、ありがとう♡

初めて夢中になったアイドルはピンク・レディーです♡

自分で初めて作った衣装はピンク・レディーの『ウォンテッド』の衣装、かつみ♥さゆりで初めて曲を出したときは、『サウスポー』の衣装をイメージして作りました。そして、今の衣装の原点は聖子ちゃん♡ 私の永遠のNo.1アイドルは聖子ちゃんなんです。だからいつも、同年代の仲良し、はるな愛ちゃんと洋服のテイストがかぶります……！ それはかぶるよネー！

結婚式の写真。吉本と日航ホテルさんのコラボ企画『結婚でんねん』のモデルケースで結婚式してもらいました！
おかげで夢のようなお式が♡

Sayuri 52
Ikizama Beauty

♥

第6章

泣いて笑ってキレイになる
生き様ビューティー物語

私が知り合ったときのかつみさんは、『どんきほ〜て』というコンビの、本格派漫才師でした。『どんきほ〜て』はＡＢＣお笑い新人グランプリをはじめ、賞を総ナメするほどの実力者。ＡＢＣお笑い新人グランプリは今でいうＭ－１。ダウンタウンさん、ナインティナイン、中川家にフットボールアワーなど、そうそうたる顔ぶれが受賞してて、この賞とったら、ドンと仕事増えて売れる！っていうほどでした。

そんな、どんきほ〜て時代のかつみさんは、お仕事は順調で株は大儲け。とても爽やかでクールなイメージで今とは別人!!　でした（バブル時代の終焉と共に、かつみさんの何かがはじけ飛んだのか!?）。

でもある日、そんなクールなかつみさんが楽屋ロビーの公衆電話で「なんとかしてくださいーーーッ!!」とすごく取り乱していました。「なんであんなんなってはるの！」と私はほかの芸人さんと笑ってたんです。

実はそれが、湾岸戦争勃発で株大暴落、信用取引失敗で1億7000万円の借金を抱えた瞬間だったんです。

その後、その借金が自分にも降りかかってくるんですから、ホント「人の不幸を笑うと自分に返ってくる」ってことですねー。

でも、そんなに借金をかぶってもなお、「俺、こんなことやりたいねん」って前向きなことばっかり話してたかつみさん。「今、人生どん底なのにこんだけ前向いて生きてるんだったら、ついてっても大丈夫ー！　それにきっと今が底だから、ここからは上がっていくだけーー！」と思って、お付き合いを始めました。

ただ、お付き合いしてすぐわかったことは、「底じゃなかった。二重底だったー！」ってこと。何年か経った頃には、「底なしだったーッ!!」……と実感するの巻。

はじまりはじまり〜。

かつみさんと付き合う前、19、20歳頃。よく「昔のほうが老けてるね」っていわれるんですけど、大型黒カラコンを入れる前だからかも!?

第1話
借金パニックで、同棲1か月で5kgヤセ

私がかつみさんと暮らし始めたのは、20歳のときです。大阪の新歌舞伎座で、西城秀樹さんの1か月公演の仕事が入ったとき、「神戸から毎日、通えへんやろ。仕事で海外行くから、カギ貸したるわ！」と言われたのが始まりです。

今までローンの一つも組んだことのなかった堅実派の私にとって、かつみさんとの同棲は世界がひっくり返るほどの、しかも急激な変化でした。

ポストを開ければ、いつも督促状がいっぱい入ってるし、電気にガス、電話と、いつも何かしら止められていて、「あ〜ガス、今日も止められている……！」なんてのはしょっちゅう。連日の支払いでお金はない、ご飯も食べられない。本当にしんどかったです。

それから1か月。たった1か月で、私は5kgもヤセてしまったんです！

なぜなら、かつみさんの借金の保証人になるハンコを押し続けたから。そしたら月末、やせてたんですー！　これぞ我が家の名付けて「ハンコダイエット」。このダイエットは簡単です。借金の保証人のハンコを押すだけで、勝手に気分がしんどくなってやせていく！というダイエットです。

当時の私は「かつみさんの助けになりたい」という一心で、ハンコを押してました。１か月の間に5個押したんで、ハンコ１個につきマイナス１kgの計算です。

保証人のハンコは、ある意味、婚姻届けのハンコよりも重たいです。なぜかというと、夫と妻は離婚届にハンコ押したら、別れられますでしょう？　でも、借金の保証人というのは、裁判所では甲と乙の関係。切っても切れないんです。お別れしようが、お付き合いをやめようが、この関係は借金終わるまでは永遠に、絶対に、離れられないんです!!

20歳そこそこの私がそんな大胆な行動ができたのは、今思えば若いときならではの邪推なき「好き♡」の気持ちがあってこそ。

やっぱり大人になるほど、世間のことも色々わかってくるし、パートナーを決める際も、「この人出世するのかな」とか、「この人と結婚したら、今後の人生どうなるのかな」とか、色々と慎重に考えるようになりますでしょ。

でも、まだそこまで考える脳みそがないときです。「好きーっ！　一緒にいたい――ッ！」という思考回路だけで突き進めました。（ちなみに、52歳になった今でもどうも思考回路は成長してません。「好きー♡」のまま、突進中でーす）

とにかく、そんなこんなでかつみさんの借金のことも何も把握しないまま、同棲生活をスタート。わけもわからないまま「ウェエエエエ!?」という感じで、嵐のように毎日が過ぎていったのです。

毎月、25日は朝イチで銀行へダッシュ！

当時は、コンビニエンスストアやモバイルで支払いができない時代。今から思えば、なぜ同棲に至ったかというと、毎日、仕事が忙しくて銀行に行けないかつみさんの代わりに、自然と私が支払い担当として、銀行に行くようになったからです。

そのなかでも、私が「決戦の日」としていたのが、毎月吉本からギャラが振り込まれる25日。

もはや、これは戦です！　生き残りをかけた戦いでした！

毎回、９時に銀行のシャッターが上がり始めた瞬間、ダッシュで下をくぐり抜けてATMに直行。とにかく一秒でも早く、１か月分の生活費を少しでも下ろさないと、「ドッドッドッドッドッ！」とものすごい勢いで、あちこちから借りているローンが引き落とされ、あっという間に残高ゼロになるからです。

貸している側も早いもの勝ちですから必死です。それでも足りないんですけど。

だから、25日は、絶対に寝坊できませんでした。

たまに25日がお休みで、知らない間に振り込み日が早くなってたときは……最悪です。泣きます。いや、泣きました！

そんななか、ちょっと楽しくなったのは、25日の朝に銀行の前に並ぶメンバーは、だいたい一緒ということに気づいてからです。そのうち、お互い話しかけるようになり、営業前の時間は和気あいあいと立ち話するようになりました。

皆さん優しくて、「あそこからもお金借りられるよ～」とか、借金界隈のいろんな情報を教えてくださいました♡

自分に花丸を上げたら毎日がしんどくなくなった

だけどやっぱり、お金に追われる生活って、精神的にも肉体的にも本当に過酷なんです。

（今も続いてますけど……笑）

毎日、電話がジャンジャン鳴って、電話を取るたびに謝って、現金が入るたびに、次の日には銀行に振り込んで、のくり返しです。

さらに、支払いが滞るとすぐ、差し押さえの手紙が来ます。ちなみにこの手紙を初めて見たときは、「わぁ♡　ドラマとかで見る差し押さえの本物だぁ。やっぱり赤字で書かれてるんだー！」と、ちょっと感動しました。「せっかくだからとっとく♡」って言う私に、「それ、どうせ毎月来るで」とかつみさん。確かに、その後もイヤというほど、届きました〜。

それに最初の頃は、利息のバカ高いサラ金にも手を出していたから、まさに毎日が自転車操業。

私も、かつみさんに頼まれてもいないのに、自分で働いた分も必死になって支払い分に放り込んでいました。

なんで、そこまでできたのかというと、まず、かつみさんが友人、知人には絶対にお金を借りない主義で、すべて銀行とかの金融機関からの借金だったこと。そして、「借金は自分が作ったもの。だから自己破産せずに、必ず自分で返し切る」と話してくれた姿が男らしい、応援したいって思えたからです。

だけど、毎日、山のように督促状は来ます。だいたい、借金の仕組みも全くわかんなかったし、催促キツいからココ払う～！　とか、支払いも行き当たりばったり。かつみさんの助けになりたい一心で頑張ってても、「何が何やら、わけわからん状態」。たぶん、何よりコレがしんどかったと思います。

そんなこんなで、借金返済に追われて約1年。私、エライことを発明したんです！

相変わらず、パニック状態で二人で稼いでは振り込んで、を続けていたある日のこと。急に思い立って、破ったカレンダーの裏紙に、借金の支払先を１つ１つ、会社名、電話番号、返済金額、金利などをバーッと書き出してみました。

今でも忘れません。

その数、43件。……１か月で払えるわけない（汗）。

そこで、今度はカレンダーの裏紙に、縦軸に支払先を、横軸に12か月分のマス目を並べた表を作りました。そして、銀行に支払うたび、横のマス目に「払いました♡」という印に、「花丸」を書き込むことにしたんです。

今までは催促されるまま、ただ、働いて、現金が手元に入れば支払いに回してと、振り回されていただけだったのが、どの支払先を優先して支払わなければいけないとか、どこがいちばん滞納しているのかとか、一目瞭然になりました。

それだけで「わけわからん状態」が整理されて、頭がすごくスッキリしたんです。

それからは、ワーワー催促されても、「この間は●か月待っていただけたんで、もうちょっと待ってください」と交渉したり、〝ここは金利が高いから優先して払わなきゃ！〟と考えられたりできるようになりました。

そして、支払ったら花丸をつける。これが、私の大発明だったんです！

花丸をつけると、目で見て、実感できるんですね、1個1個クリアしてるって。たったそれだけの事が、達成感とやりがいにつながったんです。ただ、むなしい右から左への作業が、コレ支払ったら花丸をつけられる。私、ちゃんと返していけてる！　頑張れる！　って、すごく気持ちが前向きになりました。気づくまでに1年かかっちゃいましたけど。

銀行にも縁がなかった世間知らずの私にとって、毎日、知らない世界でいろんな事件に遭遇し、クリアしなければならなかったあの頃は、「毎日大冒険」みたいな日々でした。

第2話
真夏のクリスマス

まだ、同棲したばかりの、あるものすごく暑かった夏の真夜中。かつみさんと私は、仕事から一緒に帰宅しました。ところが先に玄関に入ったかつみさんが電灯のスイッチを入れますが、電気がつきません。

パチパチ……「あぁ、またか」。そうです、またもや恒例の「電気止められた」状態です。

みなさま、知ってらっしゃいますか？　テレビや炊飯器や電気ポットなどなど、いろんな電化製品の主電源の、ポツッとした小さな赤いライト。あんなに小さな明かりでも、実はものすごく明るいことを。電気を止められると、その小さな明かりさえ消えちゃうので、ほんと、漆黒の闇になるんです。

思い出のキャンドルツリーと、かつみさんの初クリスマスプレゼントの自作の絵♥

電気を止められたら、まずどうするかというと、ガス台の炎で手っ取り早く明かりをとります。ところがこの日、キッチンでコンロのつまみを何度ひねっても点火しません。「あ〜ガスも止められた〜！」「水は？」「わぁ、水はまだ出る♡」って言いながら、何か明かりになるものを二人で探し始めました。

そして見つけました。かつみさんが、クリスマスツリー型のキャンドルを！　そのキャンドルに、奇跡的に見つけたライターで火をつけると、部屋が一気に、オレンジ色の柔らかい光に包まれ、あたたかい光でいっぱいになったように感じました。

しかもそのキャンドルに火をつけると、『シャンシャンシャンシャ〜ン♪』って、ジングルベルの曲が流れたんです。熱帯夜、オレンジのゆらゆら揺れる光のなか、ジングルベルの曲を聴きながらコップに生ぬるいお水を汲んで「カンパーイ♪」。汗ダラダラかきながら、かつみさんが「真夏のクリスマスやな」って言いました。

そして笑顔で、「さゆりちゃん、今ツラいやろ？　でもきっとこのツラい思い出が、いつかいい思い出に変わるからな！」って。

でも、そのときの私はほんっとにしんどくて、暑くて、心から笑える状態じゃありません。「うん、そうやね」って口では言いながら、心の中では『これはさすがに、いい思い出になんかならないよー!!』と、思ってました。あはは。

それから毎年、本物の（12月の）クリスマスでは、私が初めてクリスマスにプレゼントされた、かつみさん自作の絵と、その思い出のクリスマスツリーキャンドルを出してお祝いするのが、恒例になりました。

そして、何年目かのクリスマスを迎えたときのことです。ケーキのろうそくを消しながら、「今まででいちばんのクリスマスは、あのときの真夏のクリスマスやわ」って、私、無意識に口にしてました。「あれ!?　いい思い出に変わってる！」って。

かつみさんが言っていたとおり、しんどさしかなかったと思ってたあの頃の思い出が、本当にいい思い出になったときが来たんです。

確かに振り返ってパッと浮かぶ思い出は、ただただ楽しかった1日ではなくて、ぜーんぶ、何か事件が起こって、大変な思いをし、それを必死で乗り越えてきたことばかりです。

失敗が全部、自分の糧になり、素敵な思い出に変わっている。そのことに初めて気づきました。

その感覚を一度知ったおかげで、それからはどんなことが起こっても「あ、また私の人生に素敵な思い出が一つ増える」って考えられるようになりました。何が起きても、そんなに悪いことじゃない、いけるよコレ！って、自信に変わっていったんです。

そんな私たちのクリスマスも、２０２０年には30回目を迎えました。思い出のキャンドルが溶けてなくならないよう、毎年、少しの時間だけ灯して消していたんですが、さすがに「♪じぃ〜んぐう〜るぅ…ぶぇぇぇる」と曲が死に出して、もう、それを聞くだけで泣けてきました。

横を見たら、かつみさんも泣いていて、その後は二人で、ツリーキャンドルちゃんに「ありがと〜」って言いながら大号泣。

今はもう、音の鳴らなくなったこのキャンドル。一生、二人の大切な宝物です。

26歳かな。新婚当初にかつみさんと番組に出演したときの写真。二人とも髪型がバブル！　飯島愛ちゃんも一緒でした。

第3話

人生のターニングポイント、阪神・淡路大震災の3日間

この本を書くって決まったとき、改めてこれまでのことを振り返りました。そのとき、やっぱりいちばんのターニングポイントだと思ったのは、阪神・淡路大震災です。あのときほど、地獄のような思いをしたことはないし、震災で、自分は心の底から変わりました。

震災のあった日、私はかつみさんと二人でフランスのパリにいました。

かつみさんが番組の副賞でパリ旅行をゲット。「せっかくのパリやから、さゆりちゃん、一緒に行こうっ！」て言ってくれはりました。私にとっては人生初の海外旅行！　でも、うちの親は超堅物です。かつみさんとのお付き合いは知ってたのですが、実は同棲してることも内緒でした。先輩のシルクさん家に泊めてもらってるって、ずっとウソついてたので、婚前旅行なんて絶対に怒られる〜ッ！　と思い、最初は内緒で行くつもりでした。

でも、すっごい胸騒ぎがしたんです。「あ、ひょっとしたら飛行機が落ちるかもしれへん。ウソついていったらあかん気がする」。そう思い、お父さんに電話して、本当のことを言いました。

案の定、「何考えてるんやッ!!」と電話口ですごい剣幕で怒られ、最後は「もう知るか!!」とガチャ切り。それでも、どうしても行きたかった私は、遺書を書いて旅立ちました。

そして、無事に夕方のパリに到着。ムーラン・ルージュのショーに連れてってもらい、美しいトップレスの女性たちの華麗なダンスに、「かつみさ〜ん、きれいなオッパイがイッパイ♡」って感動してホテルに入った夜。かつみさんが株取引きのために日本の証券会社に電話を入れると「神戸で地震があってそれどころではない」。それで、「え？　神戸で？」と半信半疑でテレビをつけました。

ＣＮＮのニュース番組で流れていたのは、高速道路やビルが倒壊し、街中が燃えている映像です。

街が燃えている映像には、なんと日本語で私の実家のある『神戸市長田区』の文字。私はその映像を長田区全土が燃えているって錯覚して、一瞬にして「家族が死んでしまったかもしれない」と胸が押しつぶされたような気持ちになりました。

あの炎のなかに、家族がいるかもしれない。半狂乱です。

そして次の瞬間、あまりのショックで、ドラマみたいに気を失ってしまいました。

その後、何度、電話をかけても、家族にも親戚にもつながりません。生死がわからないまま、かつみさんと旅行会社、大使館を往復。ありがたいことに実家が神戸の私は、イチ早く帰国できる飛行機を手配してもらえて、2日後、フランスを発ちました。

大阪に到着した私たちは、かつみさんの車で実家に向かいます。依然、家族の生死はわからないまま。私は3日間、一睡もできず、お水ものどを通らない状態でした。

ふだんは30分ほどで到着する神戸までの道の様子は壮絶でした。高速道路はグニャグニャに曲がり、倒壊した建物や木、瓦礫の山に、陥没して通れない道。白黒でしか見たことがなかった戦時中の映像が、カラーでよみがえったような、まさに地獄絵図でした。

テレビから流れてくるのは、どんどん増えていく死者の数を知らせるニュースばかりでした。どうしよう、もうみんな死んじゃったかもしれない。すっごい反対されたのに、どうして私はパリに来ちゃったんだろう？　何で残って、一緒に死なへんかったんやろう？　って、後悔の気持ちでいっぱいでした。

やっと長田区についたのは、関空を出てから10時間後です。道なき道を行き、今もどこをどう走ってたどり着けたのか、まったく覚えてないほどです。実家は全壊、でも、燃えてはいませんでした。

「お父さーん、お母さーん」。全壊している実家の周りに向かって呼び続けました。すると、空き地の駐車場から、「さゆりーっっ‼」と、お兄ちゃんたちが出てきたんです。その後、お父さん、お母さん、おじいちゃんと、1人、また1人……あぁ、生きていてくれた！　生きていてくれたんです。みんなの無事な姿を見たときの気持ち……。あの気持ちは、私の表現力のなさでは言い表せません。

ケンカ別れが最後にならなかった。神様は、3日間、願い、祈り続けた家族の無事を叶えてくださった！　もう一回私に親孝行するチャンスをくださったんだ……。家族が一人ひとり出てきたときの気持ちは、本当に言葉に尽くせないほどの、大きな感謝しかありませんでした。

命の恩人

それからしばらくはかつみさんも家族の輪に入り、よかったね、神様に感謝だよね……と再会できた喜びを味わいました。すると、急に私の家族と初対面だったことに気づいたらしい、かつみさん。

私の両親に突然、大声で「さゆりさんを僕にくださいっ‼」と、頭を深々と下げました。

するとお父さんはそんなかつみさんに、「いや、かつみくん、今、それどころじゃないねん」と、家の柱を直しながら、冷静に切り返していました。

えーっっ⁉　このタイミングでーっ‼　な、話なんですが、私はすっごくうれしかった。今から思えば、これが、かつみさんからのプロポーズでした。

世間からみれば、大借金のあるかつみさん。でも、私の両親が結婚を反対しなかった理由。それはこの日、大切な家族である、大事な愛猫、ミースケが亡くなったことにあります。いつも私のそばにいてくれて、一緒に寝てたミースケ。実は私の部屋がいちばん、ひどい崩れ方をして、そこで寝てたミースケはまるで私の身代わりかのように……。

あんなにパリ行きを反対した両親だけど、「よく、さゆりを連れ出してくれた」と……。両親にとってかつみさんは、さゆりの命の恩人なんだそうです。「きっと運命の人なんやろうな」って言ってくれました。

「人生、今日が最後になるかもしれない、明日はどうなるかわからない」。パリ到着から家族再会までの地獄の３日間で、私がいちばん心に刻んだ教訓です。それからは、親や友人、お仕事で会った人、ファンの皆さんやたまたま見かけて声をかけてくれた方。どの人とも、いつ最後になるかわからないから、必ず笑顔で別れたい、という気持ちを持って接しています。

私は心の底から、考えが変わりました。

〝大事な人が生きてさえいてくれたら、それで十分〟。かつみさんや家族とのちょっとしたケンカやイザコザなんて、大したことないです。生きていてくれるからこそ、悩める。痴話ゲンカもできる。だって、大事な人の無事を願って叶わなかった方は、世の中にたくさんいらっしゃる。私は運よく、願いが叶っただけなんです。

生きていてくれること、それが最大のプレゼントです。

スタイリストの「大野さん」お手製のペア衣裳。なんと、黒柳徹子様も担当されてるんです！　これは、かつみさんがさんま兄さんからいただいたスーツに合わせて作っていただきました

第4話
ホンマ、人生コントです

ボヨヨンからのかつみ♥さゆり、デビュー！

1999年7月、「ノストラダムスなかったね、よかったね！」と世間がホッとしていた頃、我が家にだけ落ちてきた恐怖の大魔王。それは、かつみさんの亡くなったお父さんが残した、10億円の借金でした（5章も読んでね♥）。

突然、やってきた10億円の督促状に、「ウワーッ!!」とひっくり返ったその10日後、今度は漫才コンビ『どんきほ〜て』を組んでいたかつみさんの相方さんが「漫才やめて奥さんの会社の部長になるわ！」と言い出しました。

借金はあっても、本業の漫才の仕事はうまいことといっていたこと。これだけが支えだったのに、あっけなく解散です。

でも、かつみさん、そういうときでもへっちゃらなんです。全然、へこまない。現実を受け止めて、ただ次に進むのみです。

だいたいあの人にマイナスなんて全くないんです。何か大変なことがあっても、「あ～よかった～、これで厄が払えた！」って毎回、言ってますから。いやっ、払いすぎ～!!

そしてかつみさんは早速、〝若手の仕事、断った仕事、何でも引き受けます！〟という看板を作り、それを持って、吉本の本社を回って歩きました。結果、真冬の道頓堀に飛び込む（当時は汚くて、藻が引っかかると浮かんでこれないと言われてた！）とか、オオトカゲとキスするなどなど、ホントに危ない仕事がいっぱいくるようになりました。

心配になった私はある日、チアガール的なポンポンを作りました。名付けて『頑張るポン』。当時、タレント業をしていましたが、自分の仕事のない日はそれを持って、勝手にかつみさんの現場について行き、毎回、カメラの後ろから、〝かつみ、頑張れ、かつみ、頑張れ！〟って、ポンポンを振りながら、仕事中、ずーっと応援してたんです。

そのうち、『頑張るポン』を首にかけるようになり、次に頭につけられるようにリメイク。これが『ボヨヨン』の始まりです。

そう、『ボヨヨン』は元々、かつみさんの応援グッズだったんです。今ではかつみさんに「知らんまに俺より前に出とる……」と言われていますけど♡

それからしばらくして、ピン芸人として働いていたかつみさんは、中田カウス師匠に呼び出されます。

「おまえ、どこ見とんのや。いちばんええ相方、横におるやないか。さゆりと組め」。他でもない、カウス師匠にいただいた助言。でも、長い間、漫才界を見てきたかつみさんは、私とコンビを組む気は、まったくありませんでした。

「夫婦漫才は漫才で仲たがいして、夫婦間もダメになる」と、漫才界ではよく言われます。普通のコンビは、例えウケなくても、意見が合わずにド突き合っても、家に帰れば距離を置いて頭が整理できます。でも夫婦漫才の場合、お客さんの前でスベれば、家にいる間も、ズーーっとそれを引きずります。

　その結果、夫婦間がダメになったり、離婚したりする。それでも、夫婦漫才だけは続けていくコンビを、かつみさんはズッと見てきました。だからカウス師匠に勧められたときも、私とコンビを組むことはいちばん簡単で、いちばん難易度が高いと知ってはったんです。

　もちろん、私も、ドつきあいの大喧嘩をしながら、ステージに上がる漫才コンビをたくさん見てきました。

漫才の難しさ、厳しさを知ってたからこそ、かつみさんからカウス師匠の話を聞いたとき、一度は「私にはできないよー！」って言いました。

でも、ちょっと待て、と。10億円の督促状が来て、かつみさんには相方がいない。来月から仕事もどうなるかわかんない。お尻に真っ赤っかに火がついている状態です。こんなときに、「できない」とか「やれるわけがない」とか言ってる場合じゃない！　って思ったんです。

『やらないでダメ』より、『やってダメ』なほうが、最後は絶対に後悔しないし、納得がいく。「私にできるかどうかわかんないけど、やってみる！」。そう伝えるとかつみさんは私の目を見て、「わかった。やろう」と言いました。

そして、かつみさんに言われました。

「夫婦と漫才、どっちかあかんようになるんやったら、俺は確実に夫婦を取る。それだけは安心しとき」って。

「もし板ガムが5枚あったら2枚ずつわけて、最後の1枚は半分こにしよう。半分こにして、大きいなと思ったほうを相手にあげるつもりでやっていこう。

ウケたら相手のおかげ、ウケなかったら自分の何かが悪かったんかなって、お互い思い続けてやってたら、ずっと仲良くやっていけると思うから」って。

漫才のコンビと夫婦の関係は、とても似ている、って思います。お互いを大事に思う気持ちを持っていたらうまくいく。かつみさんの話を聞いて、あ、本当にこれは夫婦も一緒のことだなって感じました。

コンビを組むと決めた後、大先輩の（宮川大助・花子の）花子師匠にも、「あんたら仲いいのに組むんか」と言われました。「あぁ、花子師匠も心配するぐらいに、夫婦漫才ってきついんだな」って思いました。

かつみさんがコンビを組むのは私とで3回目。つまり2回離婚しているようなものです。二人ともイチからコンビを組んだのではなく、かつみさんの先輩としてのその経験があったから、これまで仲良くやれてるんだと思います。

コンビを組んでから、かつみさんは私の師匠となりました。かつみさんもプロやし、容赦ありません。しくじれば「アレは何やねん！」、ポ～っとしていれば「頭まわせーっ！」

と怒られます。でも、厳しくしてくれたおかげで、ゼロから始めた漫才も、すごいスピードで何とかコンビの形になりました。ついていった私もちょっぴりエラかったかな。

そしてありがたいことに、桂 文枝（六代 桂 文枝 ※当時、桂 三枝）師匠が、ご自身の落語会で、組んだばかりの私たちに初舞台の場をくださいました。そのとき、漫才をみた文枝師匠からの「これは、どんきほ〜て越えるコンビになりそうやな」というお言葉が、まったく自信の持てなかった私に勇気をくださりました。

その後、間もなく、『なんばグランド花月（NGK）』の舞台に立つようになります。NGKは漫才師にとって神聖な場所です。かつみさんも毎回、一切妥協はしません。1回の舞台が終わってもまた次の舞台に上がる瞬間まで、毎日、ダメ出しが続きました。

かつみさんの漫才への強い思いを知っているから、その思いに応えたくて、必死のパッチで頑張りました。そして、かつみさん、吉本のみなさん、そして何より関西にお住まいの皆さまに温かく見守っていただくなか、おかげ様で10本以上のレギュラー番組をいただけるコンビになっていったのです。

結成から4年、たくさんの方の応援してくれる気持ちに応えたい一心で、必死に走り続けました。でも、身心共に限界だったんですね！　倒れてしまい、手術。1か月、入院することになってしまいました。

そのとき、かつみさんはどうしたかというと、コンビを組むときの約束を守ってくれたんです。

「さゆりちゃん、一旦、本格的な漫才からは身を引こう。もうちょっと力つけて、余裕でできるようになるまではＮＧＫに出るのはやめよう」って。

何よりも漫才を愛しているかつみさんが、私のために、夢の舞台から離れることを決めてくれた。かつみさんの決断に、本当に大事にしてくれてたんやなと、感じました。

でも私は、もう一度、かつみさんに大好きなＮＧＫの舞台に立ってもらいたい。そのためにも、もっと自分の力を磨かなきゃ、と頑張ってます。

さゆりが80歳ぐらいになる頃に、また、かつ♥さゆの本格派夫婦漫才をお見せできるときが来るかな。人生１００年時代ですから。80歳からでも遅くないです!!

「雑草、ごきぶり、ねずみ、かつみ」

かつみさんといると、「ネタですか!?」と思うぐらい、いろんなことが起こります。

『借金返済ドリーム計画』と名付けて、これまで何度も副業でお店を開いたり、事業を始めたりしましたが、そのたびにコントみたいな事件が起こって大失敗！　結局、借金だけが残ります。もちろん、毎回、必死やし、大変やけど、後から思うと、1回1回の事件がめっちゃおもしろい。

脚本家の先生に「かつみ♥さゆりさんの人生をドラマにしたら2時間じゃ収まらない。一度、朝ドラにしたい」っていわれたぐらいです。ホント、人生コントです。このおもしろアホ話は、ぜひぜひかつみさんの本、『借金星』を読んでいただきたいです♡（宣伝）

かつみさんは何が起きても動じないし、悩まない、究極のポジティブシンキング。こんなに強い人、世の中にいないと思います。

『雑草、ごきぶり、ねずみ、かつみ』。コレ、私のなかの密かな格言です。どんな状況でも生き残る強さ！　疎まれて駆除しようとしてもし切れない。そんな、力強い生命力を、かつみさんに感じるんです。だから私は、この人について行っても、必ず生き残れる！と心底、信じてます。

私、かつみさんのやりたいことを、1回も止めたことないんですね。

周囲の皆からは「なんで止めんかったん!?」って、事業が失敗するたびに言われます。

でもね、ひょっとすると私が止めたときに限って、成功するかもしれない。それって、誰にもわからないじゃないですか!?

私は二つのものを一つに決められないタイプ。決断力、ゼロー！　です。喫茶店でもコーヒーか紅茶かだけで、すごい悩んで決められない。逆にかつみさんは、なんでも即断即決。しかも「悩むんだったら両方頼みー！」タイプです。

だから私はどんなに人生の大変な決断であっても、かつみさんが選ぶことを信じて、任せてます。その代わり、後出しじゃんけんも絶対にしません。自分は決断することから逃げたのに、悪い結果が出たからといって、「本当はあのとき、私はこう思ってたのに」なんて、卑怯やから絶対に言いたくないです。

どの家庭も、子どもを私立に公立に入れる、家を買う・買わない、転職をする・しないなど、毎日、決断をし続けて生きています。変わり目となる決断をするのって、すごく難しくないですか？　しかも家族にも関係するとなれば、すごい重責を背負っての決断ですよね。だから、背負ってもらう分、後出しじゃんけんはしません。

〝沈むときは一緒に沈んであげたい〟。最初から、その覚悟で乗り込んだ船です。失敗しても成功しても、〝かつみさんの決めたことについていく！〟これが私の決断です。

Column

「借金返すつもりが、増えました」

かつみ♥さゆりの借金返済ドリーム計画

1991

オオクワガタの養殖

当時、高いもので800万円もしたオオクワガタを、かつみさんが大事に大事に、家じゅう、天井まで積み上げて養殖してたのに、ある日、私がバルサンたいて、みんな殺してしまいました……。家中飛んでたコバエをなんとかしようと思ったんだけど、クワガタも虫でした！

1996

『スナックプルプルどん』

「さゆりちゃん、明後日から店やるわ！」と、急にかつみさんが言い出して開店した『スナックプルプルどん』。「でも明日、オレ、ロケでいないねん。酒屋さんにお酒とかつまみの手配やっといて〜」と、突然任されて大パニック！　わけわからんまま知恵を絞って、お酒とつまみ的なものを手配。無事、オープンしました。看板はかつみさんの手書き。ママはお酒が一切飲めない私という伝説の店です。最後は家賃216万を滞納。「出ていけー！」とオーナーさんに追い出されて閉じました。

1996

100円ショップ『ピコピコどん』

わかりやすいように、シャッターに『かつみの100円ショップ』と二人で書きました。ところが、開店するとき、シャッターを上げるから、誰の何の店かわからなくなりました〜。バケツ70個を700個発注するミスなど、何だかんだで100円の物を売って、600万円、損しました。2か月半でつぶれました。

2007

『ボヨヨンラーメン ウマインジャー』

「さゆりちゃん、番組でラーメン特集したら視聴率上がるって知ってるか？　視聴率とれるってことは、みんな好き！ってことや」（かつみさん）とオープンした『ボヨヨンラーメン ウマインジャー』。家に遊びに来てもらってる感じ

にしたいって思って、我が家のピンクのお部屋を再現。麺には南高梅を練り込みました♡　そしたら「ピンクの内装、ピンクの麺。売り上げだけが真っ赤っかー！」になっちゃいました。えー、7か月でつぶれました。

2007

『ボヨヨンパンdeメロンメロン』

『ボヨヨンラーメン　ウマインジャー』で起死回生をかけた新メニュー『ボヨヨンパンdeメロンメロン』というメロンパンを投入！　しかし、店内にとんこつの美味しい〜においとメロンパンの美味しい〜においが混ざって、結果、美味しくないにおいになってしまいました。そこで、「移動メロンパン屋さんをやろう！」と中古のピンクのワゴン車を購入。店がつぶれた後に、改造したワゴン車が届いて「忘れてたー!!」となりました。その後、自家用車として乗っていましたが、古い車だったため、高速道路で簡単に風にあおられ、まさかの大回転!!　「命取られるわ！」と廃車。

2012

『ボヨヨンスイーツガーデン』

スイーツ食べ放題のお店『ボヨヨンスイーツガーデン』を道頓堀に出店。このお店は経営のプロに見てもらってたので、3年を過ぎても順調でした。ところが、中国のファンドがビルを買収。なんと家賃3倍に爆上がりー！　開店4年目の目前、よりによって20回目の結婚記念日に、まさかの閉店!!　スタッフさんたちの記念日のサプライズパーティが閉店パーティに変わりました……。

などなど、ほんのごく一部〜！　詳しいオモシロ話は、ぜひぜひ！

かつみさんの本『借金星』読んでくださいませ〜♡（宣伝）

かつみさんとの初デート写真♥　なんと！　お昼から豪華ステーキランチ!!　今から思えば、かつみさん……頑張ってくれました

第５話
かつみさんの家族になりたかった

『吉本の借金王』といわれるかつみさんと出会ってから、早や32年。２０２１年３月27日には、おかげ様で銀婚式も迎えました♡

そもそも、かつみさんとお付き合いを始めたのは19歳のとき。一緒に出演してたレギュラー番組の食事会がきっかけです。

その日は真夜中に解散。私の師匠である桂 文枝師匠（六代 桂 文枝　※当時、桂 三枝）が、当時、神戸の実家に住んでいた私を心配して、「さゆり一人は危ないから、車で家まで送ったってーな」と、信頼していたかつみさんに頼んでくださいました。

ふたりきりでお話をしたのは、このときが初めて。でも、すごく話が弾んで、30分で帰れる道のりを1時間以上かけてトロトロ車を走らせながら帰りました。

当時、かつみさんは、１億７０００万の借金を背負って間もない頃。だけど口から出るのは「あんなんやりたい、こんなんやりたい」という夢のある話ばっかり。〝人生どん底なのに、前や上ばかり見ているなんてスゴイ！〟。それが私の印象でした。

ところが家族の話になると、「親なんて信用できない」「親も結局は子どもより自分がいちばん大切」とか、えらいことばかりいいはるんです。

かつみさんは実父の3番目の愛人の子どもとして生まれました。大人になるまでほとんどお父さんに会ったこともなく、愛人だったお母さまもご実家から勘当されたそうです。そんなお母さまとも離れたり、紆余曲折、いろいろあった子ども時代だったみたいです。

「オレ、天涯孤独やからな！」。かつみさんが、何気なく言ったその言葉に、悲しくなりました。

ありがたいことに、家族からの愛情をいっぱいもらって育った私にとって、家族はいちばん信頼できて、どこよりも温かくて、誰よりも自分のことを守ってくれる存在です。

でも、かつみさんは家族の温かさを知らないできちゃったんだな、本当に無償の愛ってあることを知ってもらいたいなと、思いました。

「この人に家族を作ってあげたい」。

この気持ちが、かつみさんとお付き合いしたい、と思ったきっかけです。

でも、しばらくは私との間にも〝見えない壁〟がありました。私を懐に入れてくれたと心から感じられたのは、お付き合いを始めてから3、4年後ぐらいです。それまでは100％は信用されてないなと感じていましたし、それが透けて見えると、正直、キツイときもありました。でも、かつみさんが私を受け入れてくれた頃からは、どんどん愛情が深まっていくのを感じられたんです。

今では、両親が与えてくれる愛情と同じものを、かつみさんに感じます。それって、すごいありがたいことだって思うんです。

例えば、私だけ先に家に送る時、マンションの中に入って、オートロックのドアが閉まるまで見届けてくれてたり、「さゆり一人でも、どんどん仕事、使ってやってください」と頼んでくれたりする姿だったり。

そういうありがたい愛情を日々感じているから、私もかつみさんのことをずっと好きでいられる。あんなに血も涙もなかった（冗談です笑）、天涯孤独やといっていたかつみさんが、今では私も、私の家族も、すごく大事にしてくれるのが心からわかります。

「さゆりがいてくれて、結婚できて、俺はラッキーな男や」。この言葉は、私の宝物です。

夫婦からワンステップ上がって、究極の家族に

かつみさん発の金銭的なしくじりがちょいちょい起こりつつ、ここまでいろんな修羅場を二人で超えてきました。

例えるなら、二人の人生はロールプレイングゲーム。場面、場面でいろんな敵と戦って、一緒に倒しながら、「またやられた〜！」「せやけど経験値上がったから、次は失敗せえへんよ」「今度はこんな新しい武器を手に入れたよ♪」「よし、やっつけたー!!」って、毎日がそんなことの連続。でもその経験値によって、パワーアップして、武器も増えて、次にもっと大きな敵がきても戦えるんです。

我が家には「借金」という強力なラスボスがいて、まだまだ倒せないけど、この32年間の経験が血となり肉となって、今の私を作ってくれたと思います。それを与えてくれたのもかつみさん。色々な戦いを一緒に乗り越えてきた絆って、やっぱり、すごく、すごく強いです。

本当にありがたいことに、私たちはたくさんの方から『おしどり夫婦』という評判をい

ただいています。一方、「本当はかつみさんに対して、色々、ガマンをしているんでしょう？」って言われることもあります。

もちろん、私もガーン!!　とオチるときもあります。１日寝たら忘れますけど。でも、やっぱり夫婦のいざこざなんて、大したことないです。一緒に生きてきた時間が長くなるほど、余計に愛情が増していくだけです。

だって夫婦ってすごくないですか？　他人から始まったのに、ある時、いちばんの家族と思っていた親よりも、一緒にいた年数を超えるんですよ！

今でも昼も夜も、かつみさんに、キューッとひっついてます。でも、ぶっちゃけちゃうと、漫才を始めてから、肉体関係はまったくありません。それを寂しいと思う人もいるかもしれないけれど、もはや、かつみさんへの愛情は、本当の親や兄弟に対するのと同じ。夫婦よりもワンステップ上がった、究極の家族。一心同体です。

私、ふだんはかつみさんに、何かをお願いすることはありません。でも、唯一、守ってほしい、と伝えていることがあります。それは、「私より、１日でも長く生きてね」という約束です。

かつみさんはたぶん、私がいなくても、若い女の子とキャッキャいいながら、127歳ぐらいまで、楽しく生きていける人やと思います。

でも、私はかつみさんがいないと生きていけない。

だから、私のことはしっかり看取ってください、って伝えてます。

これってひょっとしたら、究極のわがままなお願いかもしれません。


「なんでまた、かつみさんと結婚したんですか？」。

結婚以来、ずっと聞かれている質問です。でも、私もかつみさんではなかったら、ここまで仲良しの夫婦に、家族に、なれなかったと思います。

だって、普通の旦那さんは許してくれないです。頭に花つけて、ピンクのミニスカをはいた、52歳の嫁なんて！

1996年3月27日、仏滅、結婚。

Cooperation

伊藤園	フリーコール 0800-100-1100
大塚製薬	フリーダイヤル 0120-550-708
カゴメ	フリーダイヤル 0120-401-831
花王（キュレル）	0120-165-698
かならぼ	フリーダイヤル 0120-91-3036（平日のみ 10 〜 17時受付）
キッコーマンソイフーズ	フリーダイヤル 0120-1212-88
GINZA COUTURE NAOCO 心斎橋店	06-6243-5050
コーセー	フリーダイヤル 0120-526-312
資生堂	フリーダイヤル 0120-81-4710
SHISEIDO	お客様窓口 0120-587-289
サントリー食品インターナショナル	フリーダイヤル 0120-139-320
シュウ ウエムラ	0120-694-666
THINKフィットネス	https://www.ggmania.jp
ニベア花王	フリーダイヤル 0120-165-699
パナソニック	理美容・健康商品ご相談窓口 フリーダイヤル 0120-878-697
Mellia	https://im-official.com
メイフラワー	03-5259-1115
ユーグレナ	https://online.euglena.jp
ロート製薬	06-6758-1230
ワダカルシウム製薬	https://www.wadacalshop.jp

（五十音順）

Staff

装丁	井上新八
本文デザイン	坂井恵子
取材・文	長島恭子
撮影	柴田フミコ
スタイリスト	呉貴美（&masse）
ヘアメイク	加納真由美（MORE）
編集	馬場麻子（吉本興業）
営業	島津友彦（ワニブックス）
マネジメント	原昂兵（吉本興業）

Profile

♥

♥さゆり

1969年7月15日兵庫県生まれ/B型。漫才師。
身長：163cm　体重：45kg　趣味：猫、アート、アニメ、コスプレ、ピアノ、借金返済
2000年に夫であるかつみ♥と「かつみ♥さゆり」のコンビを結成。新婚時代から夫の借金を二人で返済し続け、その間、幾度とかつみ♥の事業の失敗を経験する。2004年、自身の病で倒れ、入院生活するも1か月で復帰した。近年はロケ芸人として多くのテレビ番組で活躍している。若い人に教えてもらいながら開設したSNSは、インスタグラムでは♥さゆりの美脚投稿が、YouTubeでは美容動画シリーズが計650万回再生（2021年8月19日時点）を超えるほど人気に。ツインテールにミニスカの衣装はデビュー当時から変わらず、数々の苦労を乗り越えてきたとは思えない可愛らしさ、美しさが今、多くの女性を惹きつけている。

かつみ♥さゆり

吉本興業所属の夫婦漫才コンビ。愛称「かつさゆ」。1996年3月27日仏滅、結婚。2000年4月に中田カウスの勧めにより、夫婦でコンビを結成。ヘアゴムの飾りを自分で引っ張る「ボヨヨ〜ン」のギャグで人気を得る。漫才の他、テレビ番組のレポーターなど多く務める。かつみ♥の多額の借金に関する様々なエピソードを持ちネタにすることでも知られている。関西を中心に20年以上活躍し続け、絶大な人気を誇る。

〈テレビ出演〉
『きらきん！』KBS京都 金曜12：53〜
『せやねん』MBS土曜9：25〜
『かつみ♥さゆりのなかよしがいちばん』J:COMチャンネル（関西11ch）
月・火曜17：30〜、金曜10：00〜、土・日曜21：00〜

〈YouTube〉
かつさゆのボヨヨンチャンネル
「ボヨヨン夫婦漫才師かつみ♥さゆりの公式YouTubeです♡ お互いの趣味であるピアノやアート、お家での夫婦の色々、そして♥さゆりがいつもやっている美容法やスタイル維持の方法について配信していきますので観ていただけたらうれしいです！ それから長年いろんな商品レポートをしてきて、その知識や素晴らしい商品を皆様に紹介もしたいなって思っています。わぁ〜やりたい事いっぱい！ とにかく！ 皆様が観やすい動画になるよう勉強していきます〜！ チャンネル登録よろしくお願いしますぼよ♡」

〈Instagram〉
@katsumisayuri_sayuri

〈Twitter〉
@katsumisayuri_s

おわりに

みなさーん！　最後まで読んでいただき、本当にありがとうございました。感謝です。この本では52歳という年齢をタイトルからドドーン！　と出しています。昔からよく「年齢不詳にしないの？」といわれるんですが、私、年齢だけはさば読みたくないんです。なぜならどの一年が欠けても、今の私は出来上がっていないと思うからです。一年一年、ものすごい大切な出会いや出来事ばかりで、必死に頑張ってきた。なくてはならない一年です。だから絶対に年を誤魔化したくないし、自信を持って、「この52年間で私ができていますっ！」って言いたかった。その気持ちを込めての『♥さゆり、52歳』です。

でも、戻りたいかと言われると話は別ですよ。よく「戻るならいつに戻りたいですか？」という質問がありますが、さゆりはどこに戻っても大変だから、もう、どこにも戻りたくないです!!　もう1回やれっていわれても、もう二度とできないぐらい、頑張ったんですよ。今の状況は奇跡的です。だから前にしか行きたくないんです。進ましてーーーっ！

そんなしんどい状況のなか、修羅場もたくさんくぐってきましたが、コンビ結成21年、夫婦としては銀婚式を迎え、なんとかここまでやってきました。こんなに長いこと、ずーっと仕事をやらしてもらって、借金も滞りなく返し続けて、無事にここまでこれたのはすべて、見守ってくれたスタッフ、そして何よりもかつみ♥さゆりを観て、応援してくれはる視聴者やファンのおかげ以外、何物でもありません。本当に身内のように見守っていただきました。感謝しきれません。

残念ながら、ひとりひとりにお会いすることはできないけれど、こうやってさゆりのことを知りたい、役に立ったと言ってくださることを本にすることは、いつも応援してくださる皆さんへのご恩返しの機会やと思って作りました。キレイごとなんかじゃなく、心の底からすごく幸せに思っていますし、感謝しかないです。

「人生のお天気も必ず変わるよ。今日が雨でも明日はきっと晴れる」そして、**「雨が降るからこそ、花が咲く」**

願わくば、もし、人生雨降り中の方がいらっしゃったら、この本が少しでも、晴れ間になってくれたら、うれしいです。そして若い人も、この辛さがいつか必ず自分の大きな武器に変わると確信を持って、失敗を恐れず、いろいろ挑戦してもらいたいなって思います。

２０２１年９月30日　♥さゆり（かつみ♥さゆり）

♥さゆり52歳　生き様ビューティー

2021年10月10日　初版発行

発行人　藤原寛
編集人　新井治

発行　ヨシモトブックス
〒160-0022　東京都新宿区新宿5-18-21
TEL 03-3209-8291

発売　株式会社ワニブックス
〒150-8482　東京都渋谷区恵比寿4-4-9　えびす大黒ビル
TEL 03-5449-2711

印刷・製本　凸版印刷株式会社

Printed in Japan
ISBN 978-4-8470-7106-5